KB271019

그리스도를 향한 발걸음

Christian Basic

그리스도를 향한 발걸음 (장년용)

초 판 | 2025년 12월 17일 발행

발 행 처 | 예수교대한성결교회 총회(도서출판 예수교대한성결교회 출판부)
집 필 자 | 김일선, 김기웅, 이승민, 김영배, 전선택, 송진석
발 행 인 | 홍사진
편 집 인 | 권순달
편   집 | 예수교대한성결교회 총회 교육국
등록번호 | 1974.2.1. No.300-174-2
보 급 처 | 예수교대한성결교회 총회 교육국
전   화 | 070) 7132-0020-1

그리스도를 향한 발걸음
Christian Basic

크리스천이 알아야 할 기본 지식

52주 공과 『청·장년 훈련교재』

예수교대한성결교회 총회교육국

(1) 구역원용과 강사용을 구별하지 않았습니다.

(2) 기본적으로 예배순서에 따라 구성하였습니다.

(3) '쉬운 책입니다.'

구역원이 한 번만 읽어도 함께 나눌 수 있는 본문 내용으로 구성했습니다. 또한 성경을 중심으로 쉬운 본문 해설로 이루어졌습니다. (독자층의 고려, 짧은 분량, 쉬운 언어와 설명)

(4) '단순한 책입니다.'

매달 관련 주제를 가지고 1년 52주의 전 내용이 하나의 주제 (성결한 삶)로 흐릅니다. 더불어 편집이 단순하고 명쾌합니다.

(5) '부담 없는 책입니다.'

구역예배에 참여하는 성도들이 편하고 재미있게 접근할 수 있도록 구성을 알차게 하였습니다. 성경을 공부하는 것에서 끝나지 않고 실제적으로 적용할 수 있는 나눔을 통해 성도의 삶에 적용하는데 신감을 줍니다.

예수교대한성결교회 2026년 구역공과를 발간하게 하신 하나님의 은혜에 감사를 드립니다.

우리의 신앙은 새로움 속에서 자라는 동시에, 오래도록 지켜온 진리 위에 굳게 서 있을 때 더욱 성숙해집니다. 그러나 익숙함 속에서 우리는 그 의미를 잃어버리는 경우가 적지 않습니다. 따라서 이번 공과는 그 익숙함을 다시 믿음의 능력으로 회복시키는 데 그 목적을 두고 있습니다.

사도신경, 주기도문, 십계명, 팔복, 사중복음, 그리고 절기와 기념주일에 이르기까지, 신앙의 기초이자 정수라 할 수 있는 주제를 한 해 동안 체계적으로 공부함으로써, 성도들의 내면과 삶이 더욱 견고해지기를 기대합니다. 특히 이번 공과는 "성도의 신앙고백이 삶의 고백이 되게 하는 것"이라는 방향 속에서 기획되었습니다.

사도신경을 통해 믿음의 기초를 다시 세우고, 주기도문을 통해 고백자의 기도가 회복되고, 십계명에서 거룩한 삶의 기준을 되새기게 될 것입니다. 그리고 팔복에서는 주님의 가치가 우리의 가치가 되는 길을 배우고, 사중복음에서는 성결교회의 복음적 기둥을 다시 확인하게 될 것입니다. 또한 절기와 기념주일을 통해 주님의 시간 속에서 살아가는 신앙의 리듬을 회복하게 될 것입니다.

이 뜻깊은 여정에 귀한 수고와 헌신으로 동역해 주신 집필진 여러분들께 깊은 감사를 드립니다. 각 가정과 구역에서 나누어지는 매주 공과가 단순한 학습을 넘어, 성령의 역사가 일어나고 서로를 세워주는 은혜의 시간이 되기를 소망합니다.

2026년 한 해 동안 이 공과를 통해 성도님들의 믿음이 더욱 깊어지고, 교회 공동체가 더욱 건강하게 세워지며, 모든 구역마다 주님이 주시는 진정한 기쁨과 변화가 충만하게 임하기를 기도드립니다.

주님의 은혜와 평강이 여러분의 삶과 가정, 그리고 사역 위에 풍성하기를 축원합니다.

예수교대한성결교회

총회장 **홍사진 목사**

이렇게 사용하세요

소그룹 활용 방법

문안 → 신앙고백 → 찬송 → 기도 → 말씀

→ 합심 기도하기 → 찬송(헌금) → 헌금기도

→ 주기도문 → 광고(다음모임) → 교제와 친교

목차 Christian Basic

사도신경 -성도의 신앙고백-

14 나는 전능하신 아버지 하나님, 천지의 창조주를 믿습니다.

18 나는 그의 유일하신 아들, 우리 주 예수 그리스도를 믿습니다.

22 그는 성령으로 잉태되어 동정녀 마리아에게 나시고

26 본디오 빌라도에게 고난을 받아 십자가에 못 박혀 죽으시고

30 장사 된 지 사흘 만에 죽은 자 가운데서 다시 살아나셨으며

34 하늘에 오르시어 전능하신 하나님 우편에 앉아 계시다가

38 거기로부터 살아있는 자와 죽은 자를 심판하러 오십니다.

42 나는 성령을 믿으며 거룩한 공교회와 성도의 교제와

46 죄를 용서받은 것과 몸의 부활과 영생을 믿습니다.

십계명 -고백자의 삶-

52 은혜 안에서 계명을 따르는 삶 (십계명 서문)

56 너는 나 외에는 다른 신들을 네게 두지 말라 (제 1계명)

60 너를 위하여 새긴 우상을 만들지 말라 (제 2계명)

64 여호와의 이름을 망령되이 일컫지 말라 (제 3계명)

68 안식일을 기억하며 거룩히 지키라 (제 4계명)

72 네 부모를 공경하라 (5계명)

76 살인하지 말라 (6계명)

80 간음하지 말라 (7계명)

84 도둑질하지 말라 (8계명)

88 네 이웃에게 거짓 증거하지 말라 (9계명)

92 네 이웃의 집을 탐내지 말라 (10계명)

팔복 -고백자의 가치-

98 팔복(八福)의 문을 열며...

102 돈으로도 못 가요. 하나님 나라

106 눈물 없이 받을 수 없는 복

110 "온유한 자가 받을 기업"

114 "같이 먹어야 배부르다"

118 "긍휼이 필요한 사람"

122 "주님을 보게 하소서"

126 "하나님의 자녀"

130 하나님의 자녀로 박해 받은 자

사중복음 -고백자의 기둥-

136 중생 - 성도는 새롭게 태어났습니다

140 성결 - 성령으로 충만할 때 온전해집니다

144 신유 - 주님 안에서 누리는 회복과 건강

148 재림 - 다시 오시는 주님을 기다립니다

주기도문 -고백자의 기도-

154 주기도문의 문을 열면서...

158 하늘에 계신 우리 아버지여

162 이름이 거룩히 여김을 받으시오며

166 나라가 임하시오며

170 뜻이 하늘에서 이룬 것 같이 땅에서도 이루어지리이다

174 오늘 우리에게 일용할 양식을 주시옵고

178 우리가 우리에게 죄지은 자를 사하여 준 것 같이
　　　우리 죄를 사하여 주시옵고

182 우리를 시험에 들게 하지 마시옵소서

186 다만 악에서 구하시옵소서

190 나라와 권세와 영광이 아버지께 영원히 있사옵나이다

절기 -고백자의 시간-

196 새 일을 행하시는 하나님

200 왕을 맞이하라

204 두려움 대신 기쁨을

208 예수님의 마음 속에 있는 어린이

212 부모님을 공경하라

216 절반의 은혜, 남은 절반의 믿음

220 감사의 계절, 은혜의 계절

224 하늘의 기쁨, 땅의 참 소망

228 뒤를 돌아보며, 앞을 바라보며

Christian Basic

사도신경

성도의 신앙고백

> 사도신경
>
> **나는 전능하신 아버지 하나님,
> 천지의 창조주를 믿습니다.**

소그룹 인도

사도신경 : 다같이 | 찬송 : 8장(통9) | 기도 : 회원 중 | 본문 말씀 : 창 1:1, 17:1
| 헌금 찬송 : 79장(통40) | 헌금 기도 : 회원 중 | 주기도문 : 다같이

사도신경은 기독교의 전통적인 신앙고백의 내용을 담고 있습니다. '세상의 시작은 언제인가? 누가 창조했는가?...' 세상에는 인간의 지혜로는 알 수는 문제가 너무 많습니다. 그러나 사도신경의 첫 부분이 우리가 알 수 없고, 답할 수 없는 질문에 대하여 명확하게 답하고 있습니다.

세상은 하나님의 창조 하심으로 시작되었습니다. 그래서 우리는 창조주 하나님 앞에 겸손해야 하며, 하나님을 믿는 믿음으로 살아가야 합니다. 그렇다면 세상을 창조하신 창조주 하나님을 믿는다는 것은 무엇을 의미하는 것일까요? 사도신경의 첫 번째 항목을 믿는다는 것은 무엇을 믿는다는 것입니까?

첫째, 인생의 모든 해답은 하나님의 말씀에 있음을 믿는 것입니다.

하나님이 창조하실 때 세상은 혼돈과 공허한 상태였습니다(창 1:2). 하나님께서 첫째 날부터 셋째 날까지는 빛, 궁창, 하늘, 바다, 육지 등을 만드시며 흩으시고 모으시면서 혼돈을 해결하셨습니다. 그리고 넷째 날부터 여섯째 날까지는 각종 물고기와 새, 씨 맺는 채소와 열매 맺는 나무와 육지의 동물과 사람을 만드시며 공허한 세상을 생명체로 가득 채우셨습니다. 하나님께서 혼돈과 공허한 세상을 해결하시고, 채워 가시는 방법은 "하나님이 이르시되"라는 말씀이었습니다.

우리의 인생이 그와 같았습니다. 하나님이 안 계신 인생은, 예수님과의 만남이 없는 인생은 혼돈과 공허뿐입니다. 하지만 하나님이 인생에 개입하시고, 예수 그리스도를 인격적으로 만나는 순간 하나님께서는 그분의 말씀으로 질서를 세우시고 은혜로 가득 채우셨습니다. 하나님의 말씀이 우리 인생에 진정한 답인 것을 알게 하신 것입니다. 결국 사도신경의 첫 번째 항목을 믿는다는 것은 우리 인생의 모든 해답은 하나님의 말씀에 있음을 믿는 것입니다.

둘째, 인생의 모든 일에는 하나님의 때가 있음을 믿는 것입니다.

전능하신 하나님께서는 마음만 먹으면 말씀 한마디로 창조를 끝내실 수 있는 분이십니다. 그런데 하나님께서는 "저녁이 되고 아침이 되니"라는 시간의 진행에 따라서 6일 동안 순서대로 세상을 창조하셨습니다. 왜 그렇게 하셨을까요? 하나님은 모든 것을 시간의 흐름, 즉 하나님이 정하신 때를 따라 일하시기 때문입니다. 하나님은 시간을 존중하신 것입니다. 물론 시간 역시 하나님의 창조물입니다. 그러나 하나님은 모든 것이 하나님이 정하신 시간에 따라 이루어져야 함을 알게 하시려고 정하신 때에 일하신 것입니다.

하나님의 뜻이 이루어지기를 구하는 것은 귀한 믿음입니다. 그런데 이보다 더 귀한 믿음은 하나님의 뜻이 이루어지는 때를 분별하는 것입니다. 오늘 우리에게 필요한 믿음이 하나님의 때를 분별하고, 기다리는 믿음입니다. 하나님의 뜻은 하나님의 때에 이루어져야 부작용이 없습니다. 결국 사도신경의 첫 번째 항목을 믿는다는 것은 우리 인생의 모든 일에는 하나님의 때가 되어야 이루어짐을 믿는 것입니다.

셋째, 인생의 모든 순간에 완전하신 하나님을 믿는 것입니다.

세상 만물과 사람을 창조하신 후 하나님의 평가는 "하나님이 보시기에 심히 좋았더라"였습니다. 하나님이 만드신 세상은 완전무결했기에 제칠 일에 안식하시고 우리에게 하나님의 안식에 동참하며 예배하게 하신 것입니다. 그렇다면 사람을 만드신 후에 가장 먼저 맞이한 날이 안식일이 되게 하신 이유는 무엇일까요? 사람을 지으신 목적이 하나님의 안식에 동참하는 복과 함께 하나님을 예배하며 찬송하게 하려는 목적이기 때문입니다(사 43:21). 사람은 일하는 존재로 시작되지 않았습니다. 안식을 통해 하나님 앞에 서 있는 존재로 시작되었고, 하나님이 창조하신 세상에서 하나님을 고백하고 인정하는 존재로 시작되었습니다. 결국 사도신경의 첫 번째 항목을 믿는다는 것은 죄로 인해 망가진 세상을 다시 회복하시는 재림의 날을 기다리며, 인생의 모든 순간을 완전하신 하나님을 믿고 예배하는 것입니다.

하나님은 세상 만물을 창조하신 완전하신 분이십니다. 우리의 하나님이 그런 분이십니다. 완전하신 하나님이 우리 인생에 때를 따라 일하시고 말씀으로 인도하심을 믿고 순종하는 성도가 되기를 바랍니다.

▌함께 나누는 은혜
　① 하나님의 말씀을 믿고 순종함으로 문제가 해결된 경험이 있습니까?
　② 하나님의 때를 분별하지 못해서 실패했던 순간이 있었습니까?

> 사도신경
>
> **나는 그의 유일하신 아들,
> 우리 주 예수 그리스도를 믿습니다.**

소그룹 인도

사도신경 : 다같이 | 찬송 : 15장(통50) | 기도 : 회원 중 | 본문 말씀 : 요 3:16
| 헌금 찬송 : 304장(통404) | 헌금 기도 : 회원 중 | 주기도문 : 다같이

사도신경에는 예수님에 대한 신앙고백이 가장 많은 비중을 차지하고 있습니다. 그 이유는 기독교가 예수님에 대한 올바른 신앙고백에서 시작되기 때문입니다. 그리고 교회의 시작 역시 "주는 그리스도시요 살아계신 하나님의 아들이시니이다"(마 16:16)라는 베드로의 신앙고백에서 비롯되었기 때문입니다. 예수님께서는 베드로의 고백 위에 "내가 이 반석 위에 내 교회를 세우리니"(마 16:18)라고 하셨습니다. 사도신경의 두 번째 항목 역시 '예수님은 누구신가?'에 대한 고백을 담고 있습니다. 그렇다면 우리는 사도신경의 두 번째 항목을 믿는다는 것은 무엇을 믿는다는 고백입니까?

왕이 아들을 낳으면 왕자가 됩니다. 그런데 왕자가 하나밖에 없다면 곧 그가 왕이 되는 것입니다. 예수님이 하나님의 유일하신 아들이라는 것은 예수님이 곧 하나님이시고, 하나님과 예수님의 관계는 유일무이한 특별한 관계를 가지신 분이라는 것을 의미합니다.

사람들은 세상에 하나밖에 없는 진귀한 보물을 가지고 있으면 결코 다른 사람을 위해 양보하거나 내주지 않습니다. 그러나 하나님은 보물같이 귀한 아들을 우리에게 주셨습니다. 더군다나 우리의 생명을 위해 하나밖에 없는 아들을 죽게 하신 것은 우리를 향한 하나님의 사랑이 얼마나 큰지 알 수 있는 부분입니다. 그러기에 우리는 독생자를 세상에 보내신 하나님의 크고 위대한 사랑을 기억하고, 믿어야 합니다. 결국 사도신경의 두 번째 항목을 믿는 것은 측량할 수 없는 하나님의 크신 사랑을 믿는 것입니다.

예수님을 '주'라고 부르는 것은 두 가지 의미가 있습니다. 하나는 예수님이 하나님이심을 고백하는 것입니다. 유대인들은 여호와(야웨)라는 하나님의 이름을 함부로 부를 수가 없었습니다. 그래서 성경을 읽다가도 '여호와'라는 성호가 나오면 '주'라는 뜻을 가진 '아도나이'(헬라어로 '퀴리오스'입니다.)로 바꾸어 읽었습니다. 마찬가지로 예수님을 '주'라고 부르는 것은 '여호와', 즉 예수님이 하나님이라고 고백하는 것입니다. 또한 예수님을 '주'라고 부르는 다른 의미는 예수님을 내 인생의 주인이라고 고백하는 것입니다. 내 몸과 내 영혼과 내 시간과 내 모든 재물과 내게 속해 있는 모든 것의 진짜 주인이 예수님이라는 의미인 것입니다.

그렇다면 예수님을 '주'라고 고백하는 사람의 삶은 무엇이 중심이 되어야 할까요? 우리의 하나님이시자 주인이신 예수님의 말씀이 중심이 되어야 합니다. 주인의 말은 절대적이어야 합니다. 나를 책임지고 있는 존재의 말이 삶의 중심이 될 때 우리는 스스로의 삶을 책임질 필요가 없습니다. 납득이 되지 않고 이해가 되지 않아도, 내 생각과 같지 않아도 주님의 말씀대로 순종하는 것이 피조물의 자세입니다. 결국 사도신경의 두 번째 항목을 믿는다는 것은 예수님이 내 인생의 주권자이심을 믿는 것입니다.

'예수 그리스도라'는 호칭은 '예수님은 그리스도이십니다'라는 의미입니다. '그리스도'는 '기름 부음을 받은 자'라는 뜻이며 히브리어로는 '메시아'라고 부릅니다. 구약 시대에 기름 부음을 받은 사람은 선지자, 제사장, 그리고 왕입니다. 이들의 공통점은 백성들의 생명을 하나님께로 인도하는 역할을 하는 것입니다. 선지자는 하나님의 말씀을 선포하여 백성들을 죄의 길에서 돌이키게 하는 사명을 감당했으며, 제사장은 제사를 주관하면서 죄로 인하여 멀어진 하나님과 백성과의 관계를 회복시키고 다시 하나님의 언약 가운데 살아갈 수 있도록 중재자 역할을 하는 사명을 감당했습니다. 그리고 왕은 백성들을 적들로부터 보호함과 동시에 오직 하나님께서 원하시는 대로 나라와 백성들을 다스리며 하나님의 복을 누리게 하는 사명을 감당했습니다. 이들은 각자의 사명을 감당하기 위해서 누구보다 거룩하고, 겸손하며, 사랑과 헌신으로 목숨 걸고 백성들을 돌보아야 했습니다. 그런데 이 세 가지 사역을 모두 감당하기 위해 오신 분이 바로 예수님이십니다. 결국 사도신경의 두 번째 항목을 믿는다는 것은 오직 우리를 구원하시고 하나님께로 인도하실 구원자는 예수님 밖에는 없다는 것을 믿는다는 것입니다.

예수님은 하나님의 외아들이십니다. 예수님은 주인 되시며, 구원자이시기에 나의 시간, 나의 믿음, 나의 인생, 온전히 주님께 맡기는 믿음과 순종의 삶을 살아가시기 바랍니다.

▌함께 나누는 은혜
　① 하나님께서 독생자를 주실 만큼 나를 사랑하신다는 것을 고백했던 순간은 언제였습니까?
　② 예수님이 내 인생의 참된 주인이 되시기 위해 내가 포기해야 할 것은 무엇입니까?

사도신경

그는 성령으로 잉태되어
동정녀 마리아에게 나시고

─ 소그룹 인도 ─

사도신경 : 다같이 | 찬송 : 84장(통96) | 기도 : 회원 중 | 본문 말씀 : 마 1:18
| 헌금 찬송 : 433장(통490) | 헌금 기도 : 회원 중 | 주기도문 : 다같이

예수님은 세상에서 가장 특별하신 분입니다. 그 이유는 예수님이 땅에 오실 때 성령으로 잉태되셨으며, 신성과 인성을 모두 가지신 유일하신 분이기 때문입니다. 세상 사람들은 예수님께서 동정녀를 통해 탄생하신 것을 이성적으로 설명할 수 없는 일이기 때문에 믿지 않습니다. 그러나 예수님은 세상이 창조되기 전부터 계시던 하나님이시기에 불가능한 일이 아닙니다. 그렇다면 사도신경의 세 번째 항목을 믿는다는 것은 무엇을 믿는다는 것입니까?

첫째, 모든 죄인을 구원하러 오신 예수님을 믿는 것입니다.

동정녀 탄생에 대한 예언의 말씀은 이사야 7장에 기록되어 있습니다. 유다를 아하스 왕이 다스릴 때 아람 왕 르신과 북이스라엘의 베가 왕이 연합하여 유다를 침략합니다. 두 나라의 연합군이 예루살렘을 공격하지만 그들이 유다를 능히 이기지 못하는 상황이었습니다(사 7:1). 그럼에도 아하스 왕과 유다 백성들이 '숲이 바람에 흔들림같이' 두려워하자(사 7:2) 하나님께서는 이사야 선지자를 통해 유다를 침략한 두 왕을 연기 나는 부지깽이같이 심판할 테니 두려워하지 말고, 낙심하지 말라시며, 구원과 승리에 대한 징조를 구하라고 하십니다. 그러나 우상을 섬기던 유다의 아하스 왕은 하나님을 믿지 않습니다. 그렇게 불신의 죄로 가득한 아하스 왕에게 하나님께서 직접 징조를 주신 것이 "보라 처녀가 잉태하여 아들을 낳을 것이요 그의 이름을 임마누엘이라 하리라"는(사 7:14) 말씀입니다. 온갖 우상을 섬기고, 자신의 아들을 몰렉에게 인신 제사로 바치면서까지 징조를 구하는 악한 죄인 아하스에게 하나님이 직접 주신 징조가 바로 사도신경의 세 번째 항목인 메시야의 동정녀 탄생에 관한 것입니다. 그렇다면 이것은 무엇을 의미하는 것일까요? 하나님께서는 어떤 흉악한 죄인이라도 구원하시기 위해 독생자이신 예수님을 이 땅에 보내셨으며, 예수님은 그 뜻을 이루시기 위해 오신 분임을 믿는다는 것입니다. 결국 사도신경의 세 번째 항목을 믿는다는 것은 예수님은 죄인인 우리를 구원하시기 위해 오신 분임을 믿는 것입니다.

둘째, 예수님은 우리와 항상 함께 계시는 분이심을 믿는 것입니다.

하나님은 유다의 아하스에게 "처녀가 잉태하여 아들을 낳을 것이요 그 이름을 임마누엘이라 하라"고 알려주셨습니다. 임마누엘은 '하나님이 우리와 함께 계시다'는 뜻입니다. 하나님의 백성이 가장 담대하고 당당할 때가 언제입니까? 하나님께서 함께해 주실 때입니다.

하나님은 모세의 후계자가 되어 이스라엘 백성들을 이끌고 가나안에 들어가야 할 여호수아에게 함께 해 주실 것을 약속하시며 '강하고 담대하라'고 하셨습니다. 하나님이 함께하시는 그 순간이 가장 당당하고 가장 담대한 순간입니다. 하나님은 믿음 없고 패역한 유다의 아하스를 위기에서 구원하시겠다고 말씀하십니다. 그렇다면 하나님을 창조주로 믿고, 예수 그리스도를 구주로 고백하는 우리와 함께해 주시는 것은 당연한 일입니다. 하나님은 우리와 항상 함께하고 싶으셨습니다. 그래서 독생자를 임마누엘이라는 이름으로 보내주셔서 지금도 우리와 함께하고 계십니다. 결국 사도신경의 세 번째 항목을 믿는다는 것은 예수님께서 나의 모든 순간에 함께하심을 믿는 것입니다.

셋째, 동정녀 탄생에는 가장 위대한 순종과 희생이 있음을 믿는 것입니다.

마리아는 남자를 모르는 처녀(동정녀)였습니다. 비록 요셉과 정혼한 사이였지만 아직 아기를 임신할 수 없는 여인이었습니다. 그런데 주의 천사가 마리아에게 나타나 아들을 낳게 될 것을 말합니다. 그때 마리아는 "주의 여종이오니 말씀대로 내게 이루어지이다"라고 답을 합니다. 그 당시는 정혼한 여자가 간음을 저지르게 되면 돌에 맞아 죽는 방식으로 사형을 당했습니다. 그럼에도 마리아는 죽음을 각오하고 말씀에 순종합니다.

마리아의 정혼자 요셉도 대단합니다. 성경은 마리아의 임신 소식을 들은 요셉의 행동에 대해 이렇게 설명합니다. "그의 남편 요셉은 의로운 사람이라 그를 드러내지 아니하고 가만히 끊고자 하여"(마 1:19). 요셉을 의로운 사람이라고 소개합니다. '의'가 무엇입니까? 법과 정의를 공정하게 행하는 것입니다. 그렇다면 의로운 요셉은 마리아의 임신을 밝히고, 법대로 집행했어야 합니다. 하지만 요셉은 마리아를 믿었기에 또 마리아를 사랑하는 마음 때문에 마리아를 살리고자 조용히 헤어지려고 했던 것입니다. 성경은 그런 요셉의 사랑과 희생을 의롭다고 말합니다. 하나님은 요셉의 의로움을 아셨기에 꿈에 나타나 모든 전말을 알려주시고, 마리아 데려오기를 무서워하지 말라고 합니다. 그 후 요셉은 말씀대로 순종하며 마리아를 아내로 맞이하고 아이를 낳기까지 동침하지 않습니다. 10대 중후반의 나이 어린 소녀와 소년의 위대한 순종이 예수님의 동정녀 탄생의 은혜로 나타난 것입니다. 결국 사도신경의 세 번째 항목을 믿는다는 것은 이 위대한 성육신 사건 속에 목숨을 건 위대한 순종이 있었음을 믿는 것입니다.

예수님은 나를 구원하시기 위해 오셨고, 늘 나와 함께 하시는 분이십니다. 그래서 우리의 삶은 두렵지 않습니다. 언제나 형통의 은혜로 인도하시는 주님과 동행하는 성도가 되기를 바랍니다.

▎함께 나누는 은혜
① 하나님이 나와 항상 함께하심을 확신했던 경험을 나누어 봅시다.
② 누군가를 위해 손해 보고 희생했던 경험을 나누어 봅시다.

사도신경

본디오 빌라도에게 고난을 받아
십자가에 못 박혀 죽으시고

─ 소그룹 인도 ─

사도신경 : 다같이 | 찬송 : 144장(통144) | 기도 : 회원 중 | 본문 말씀 : 마 27:26
| 헌금 찬송 : 150장(통135) | 헌금 기도 : 회원 중 | 주기도문 : 다같이

바울은 "십자가의 도가 멸망하는 자들에게는 미련한 것이요 구원을 받는 우리에게는 하나님의 능력이라"(고전 1:18)라고 말했습니다. 세상의 어떤 신이 자신의 백성을 위해 사람의 모습으로 세상에 오며, 자기 백성을 위해 대신 고난 받으며, 자기 백성을 위해 대신 죽기까지 할까요? 그래서 예수님의 행하신 일들을 믿는 것 하나만으로도 우리에게는 은혜입니다. 그렇다면 사도신경의 네 번째 항목을 믿는다는 것은 무엇을 믿는다는 것입니까?

첫째, 순간의 선택이 영원을 결정함을 믿는 것입니다.

사도신경은 예수님께서 본디오 빌라도에게 고난을 받으셨다고 고백합니다. 빌라도는 당시 로마에서 파견한 유대의 총독이었습니다. 로마 제국의 규모를 볼 때 유대의 총독은 지방 변두리 관리자, 좌천당한 한직이라고 볼 수 있습니다. 빌라도의 입장에서는 유대를 잡음 없이 다스려서 로마의 중앙 정계로 진출하고 싶어 했습니다.

반면 당시 유대의 종교 지도자들은 예수님을 죽이기 원했습니다. 하지만 로마의 식민지였던 유대는 사형을 내릴 권한이 없었기에 빌라도에게 예수님을 데려왔습니다. 빌라도는 유대의 종교 지도자들이 시기하는 마음으로 예수님을 재판에 넘겼다는 것을 알고 있었으며(마 27:18), 심지어 빌라도의 아내는 밤새 꿈에서 시달리다가 남편에게 예수님은 죄가 없음을 알리며 아무 일도 하지 말라고 부탁까지 합니다. 그래서 빌라도는 당시 유대인의 명절을 맞이하면 죄인 하나를 풀어주는 관례를 이용해서 예수님을 풀어주려고까지 노력합니다. 그러나 대제사장들과 장로들은 무리를 선동해서 예수님을 죽이고 바라바를 풀어달라며 소동을 일으켰고, 민란이 날것을 염려한 빌라도는 예수님을 죽이라는 무리 앞에서 손까지 씻으며 자신은 예수님의 죽음과 아무런 상관이 없다고 선포합니다. 빌라도의 순간적 선택은 기독교 2천 년 역사에 저주의 이름으로 남게 되었습니다. 결국 사도신경의 네 번째 항목을 믿는다는 것은 우리가 내리는 순간의 선택이 영원을 결정할 수 있음을 믿는 것입니다. 우리의 선택이 영원한 복의 길이 되기를 바랍니다.

세례 요한이 요단강에서 세례를 베풀고 있을 때였습니다. 자신에게 세례를 받기 위해서 오시는 예수님을 보고 요한은 "보라 세상 죄를 지고 가는 하나님의 어린 양이로다"(요 1:29)라고 말합니다. 하나님은 모든 사람의 죄를 위해 대신 죗값을 치를 속죄 제물이 필요했고, 아들 예수를 보내신 것입니다.

우리가 손으로 지은 모든 죄 때문에 예수님의 손에 못이 박혔습니다. 가지 말아야 했던 곳에 갔던 우리의 죄 때문에 예수님의 발에 못이 박혔습니다. 육신을 위해 지은 죄 때문에 예수님은 채찍을 맞고, 찢기셨습니다. 우리가 생각으로 지은 죄 때문에 예수님의 머리에는 가시 면류관을 씌워졌습니다. 예수님은 우리의 죄를 감당하시기 위해 온몸으로 고난 받으셔야 했습니다. 예수님은 감당하셔야 할 죄의 무게가 너무도 무겁고 버거웠기에 겟세마네 동산의 기도에서 그토록 괴로워하신 것입니다. 그래서 우리가 사도신경의 네 번째 항목을 믿는다는 것은 우리가 지은 죄 때문에 예수님께서 대신 고난 받으신 것을 믿는 것입니다.

성경에 기록된 첫 번째 희생 제물은 창세기 3장에 소개됩니다. 아담의 죄로 인해 죄 없는 동물이 대신 죽은 것입니다. 그 후로 구약의 제사에서는 사람의 죄를 대속하기 위해 반드시 제물이 필요했습니다. 이때 제사를 드리러 오는 사람은 제물을 가지고 회막(성막)문 앞까지

와야 했습니다. 그 후 안수 기도를 통해 자신의 죄를 전가시키고, 자신과 제물이 동일하다는 것을 증명합니다. 그리고 제물을 죽여 가죽을 벗기고, 각을 뜨고, 피를 받아 뿌린 후 제물을 모두 태워 연기로 제사를 드렸습니다. 하나님께서는 예배자의 회개하는 모습을 보시고, 제물이 타는 연기를 향기롭게 맡아주시며 제사를 드린 사람의 죄를 용서해주셨습니다. 그리고 다시 하나님의 은혜 안에 살아갈 수 있도록 자비를 베풀어 주십니다.

구약 제사는 죄를 범할 때마다 매번 다른 제물을 가지고 나와야 했으며, 반복되는 제사는 형식적인 제사로 변질될 수 있는 한계가 있었습니다. 그런 구약 제사의 한계를 뛰어넘기 위해 하나님께서는 영원한 번제 제물, 소제 제물, 화목 제물, 속죄 제물, 속건 제물로 예수님을 이 땅에 보내신 것입니다. 그래서 예수 그리스도의 십자가의 죽으심은 우리에게 두 가지를 기억하게 합니다. 우리의 죄가 얼마나 크고 무거운지를 그리고 우리를 구원하신 하나님의 은혜가 얼마나 크고 놀라운지를 말입니다. 사도신경의 네 번째 항목을 믿는다는 것은 2천 년 전 예수님의 십자가 죽음으로 나의 죽음을 대신하셨음을 믿는 것입니다. 그러기에 십자가의 은혜를 기억하며 살아가는 성도가 되시길 바랍니다.

▌함께 나누는 은혜
　① 매 순간 주님이 원하시는 선택을 위해 우리는 어떻게 준비해야 합니까?
　② 우리가 고백하는 십자가의 은혜는 무엇인가요?

사도신경

장사 된 지 사흘 만에 죽은 자
가운데서 다시 살아나셨으며

─ 소그룹 인도 ─

사도신경 : 다같이 | 찬송 : 151장(통138) | 기도 : 회원 중 | 본문 말씀 : 눅 24:46
| 헌금 찬송 : 86장(통86) | 헌금 기도 : 회원 중 | 주기도문 : 다같이

기독교의 위대함 예수 그리스도의 부활입니다. 만약 예수님께서 고난당하시고 죽으심으로 끝났다면 기독교는 고통과 슬픔뿐인 종교가 되었겠지만, 부활을 통해 기독교는 소망과 기쁨의 종교가 되었습니다. 부활은 모든 권세를 이기시고 능력으로 행하실 예수님의 권위와 전능하신 능력을 상징하는 가장 위대한 사건입니다. 그렇다면 사도신경의 다섯 번째 항목을 믿는다는 것은 무엇을 믿는 것입니까?

첫째, 인류 역사에 새로운 시작을 믿는 것입니다.

인류의 역사는 예수님의 탄생을 기준으로 기원전(B.C)과 기원후

(A.D)가 구분됩니다. 그만큼 예수님의 탄생은 시간의 기준이 될 만큼 중요한 사건이었습니다. 그런데 인류 역사에서 새로운 시작을 알리는 사건이 발생합니다. 바로 예수님의 부활입니다. 예수님의 부활 사건 이전에는 세상은 죄와 죽음의 권세에 억눌려 있었습니다. 그러나 예수님의 부활 이후로는 죄로부터의 해방과 영생의 길이 열렸습니다.

특별히 사흘 만에 부활하신 예수님을 통해 우리에게는 새로운 역사가 시작되었습니다. 성경에서 '3'이라는 숫자는 새로운 역사의 시작과 변화를 상징하는 숫자입니다. 아브라함이 이삭을 번제물로 드리기 위해 3일 동안 걸어가 모리아 산에 도착합니다. 3일 동안 믿음의 길을 걸어갔던 아브라함으로 인해 아브라함과 그의 후손에게 새로운 믿음의 역사가 시작되었습니다. 이스라엘 백성들이 애굽을 탈출한 후 3개월 동안 시내산을 향하여 걸었고, 시내산 도착한 후 3일 동안 의복과 몸을 정결하게 하고 하나님과 언약식을 거행하면서 하나님의 언약 백성으로 새로운 역사가 시작되었습니다. 결국 사도신경의 다섯 번째 항목을 믿는 것은 우리 인생에 새로운 역사가 시작된 것을 믿는 것입니다.

둘째, 예수님의 말씀만이 진리임을 믿는 것입니다.

세상 사람들은 진리가 무엇인지, 진짜가 무엇인지 몰라 방황하며 살고 있습니다. 가짜가 많아서 헷갈려하는 것이 아닙니다. 지폐감별사들은 진짜 지폐의 특징을 연구하여 진짜지폐와 위조지폐를 가려낸다고 합니다. 마찬가지입니다. 우리는 모든 것이 진짜인 예수님에 대해서 바로 알고, 바로 믿어야 방황하지 않는 삶을 살 수 있습니다. 예수님의 부활은 제자들에게 말씀하신 것에 대한 약속이행이며, 사흘 만에 성전을 다시 짓겠다는 예수님의 말씀이 진리였음을 증명한 사건 입니다. 만약 예수님께서 부활하지 않으셨다면 기독교와 모든 전도자 는 인류 역사상 최고의 사기 집단과 사기꾼이 되었을 것입니다. 그리 고 예수님을 믿는 모든 성도는 가장 어리석고 비참한 인생이 되었을 것입니다. 결국 사도신경의 다섯 번째 항목을 믿는다는 것은 예수님 의 말씀만이 진리임을 믿는 것입니다.

셋째, 예수님은 말씀 하나로 모든 것을 회복시키시는 분이심을 믿는 것 입니다.

다시 살아났다는 것은 모든 것이 원래 상태로 회복되었다는 의미 입니다. 감사하게도 예수님은 부활하심으로 원래 상태로 회복되어짐 을 보여주는 사건이며, 성도들은 부활의 소망을 통해 모든 것이 회복 될 것을 믿기에 소망을 가질 수 있는 것입니다.

어느 날 로마의 백부장 하나가 자신의 종이 병들어 죽게 되었다며 자신의 종을 살려달라고 예수님께 간청합니다. 그런데 백부장은 "자 신은 예수님께서 자기 집에 들어오시는 것을 감당하기 어려울 만큼 비천한 사람이니 말씀으로 치료해 달라"고 합니다. 말씀만으로도 종 이 회복될 것이라고 믿는 백부장의 믿음에 예수님께서는 "이스라엘에 서도 이만한 믿음을 찾아보지 못했다"라고 하십니다. 백부장은 예수 님의 말씀 하나로 모든 것이 회복될 것을 믿었던 것입니다. 결국 사도 신경의 다섯 번째 항목을 믿는다는 것은 오직 말씀 하나로 모든 것을 회복시키실 것을 믿는 것입니다.

　　세상에서 가장 놀라운 기적은 죽은 사람이 다시 살아나는 것입니다. 이보다 더한 기적은 없습니다. 부활은 인류 역사의 새로운 시작입니다. 예수님의 말씀만이 진리이며, 회복이 시작되는 순간입니다. 우리 모두 부활의 능력을 경험하는 성도가 되기를 바랍니다.

▌함께 나누는 은혜

① 예수님의 부활로 시작된 우리의 새로운 삶은 무엇입니까?

② 예수님의 말씀과 사랑으로 회복된 아픔에 대해서 나누어 봅시다.

> 사도신경
>
> ## 하늘에 오르시어 전능하신
> ## 하나님 우편에 앉아 계시다가

소그룹 인도

사도신경 : 다같이 | 찬송 : 161장(통159) | 기도 : 회원 중 | 본문 말씀 : 막 16:19

| 헌금 찬송 : 370장(통455) | 헌금 기도 : 회원 중 | 주기도문 : 다같이

2천여 년 전 부활하신 예수님은 잠시 세상에 머무시면서 제자들에게 지상 최대의 명령(마 28:18-20)을 주신 후 하늘로 승천하셨습니다. 그렇다면 예수님은 지금 어디서 무엇을 하고 계실까요? 분명한 것은 예수님께서는 심판의 날 다시 오신다고 약속하셨습니다. 그럼 부활하신 후에 다시 오시는 재림의 날까지 예수님은 어디서 무엇을 하고 계신지 궁금합니다. 사도신경의 여섯 번째 고백이 그에 대한 해답을 주고 있습니다. 2천여 년 전에 부활하시고 승천하신 예수님은 지금 이 순간 "하늘에 오르시어 전능하신 하나님 우편에 앉아 계십니다." 그렇다면 사도행전의 여섯 번째 항목을 믿는다는 것은 무엇을 믿는 것입니까?

첫째, 우리도 재림의 날에 예수님과 함께 승천할 것을 믿는 것입니다.

예수님의 마지막 모습은 부활 후 40일 감람산에서였습니다(행 1:3, 12). 제자들이 보는 앞에서 하늘로 올라가시던 중에 '구름'이 가리어 더 이상 볼 수 없는 상황이었습니다(행 1:9). 그렇다면 구름이 상징하는 의미는 무엇일까요? 구름은 하나님의 임재와 관련이 있습니다. 하나님이 출애굽한 이스라엘 백성들과 언약을 맺기 위해 시내산에 강림하셨을 때 구름이 산에 가득했습니다. 구름은 하나님의 임재의 상징이었습니다. 그러기에 예수님이 승천하실 때 구름이 가리어 예수님을 볼 수 없었던 것은 예수님께서 하나님의 임재와 영광중에 하늘로 올라 가셨음을 고백하는 것입니다. 다시 말해 예수님이 곧 하나님이심을 고백하는 것입니다. 그리고 예수님은 재림의 날에도 구름 타고 오셔서 성도들과 함께 올라가실 것입니다. 결국 사도신경의 여섯 번째 항목을 믿는다는 것은 예수님께서 하나님의 임재 가운데 승천하신 것처럼 우리도 주님이 다시 오시는 재림의 날에 하나님의 임재 가운데 하늘로 올라갈 것을 믿는 것입니다.

둘째, 예수님께서 세상을 통치하시는 주권자이심을 믿는 것입니다.

예수님은 지금 이 시간 하나님 우편에 앉아 계십니다. 그렇다면 승천하신 예수님이 전능하신 하나님 우편에 앉아 계신다는 것은 어떤 의미일까요? 하나님께서 앉아 계신 곳은 왕이 앉는 보좌입니다. 하나님은 이 보좌에 앉아서 온 세상을 통치하고 계십니다. 그런데 예수님께서 하나님 우편에 앉아 계신다는 것은 하나님과 함께 앉아 계시면서 세상에 대한, 그리고 교회와 온 성도에 대한 통치권을 가지셨다는 것을 상징합니다. 결국 사도신경의 여섯 번째 항목을 믿는다는 것은 온 세상을 통치하시고 다스리시는 주권자 예수 그리스도를 믿는 것입니다.

셋째, 예수님은 우리의 중재자가 되심을 믿는 것입니다.

예수님께서 하나님 우편에 앉아 계시면서 지금도 우리를 위해 행하시는 사역은 구체적으로 무엇일까요? 예수님은 철저하게 우리를 위한 중재자로서의 통치사역을 하고 계십니다. 먼저 영원하신 대제사장이 되셔서 우리의 예배와 삶이 하나님께 드려지고, 하나님께 나아갈 수 있도록 중재자가 되셔서 일하고 계십니다. 그리고 예수님께서 승천하시고 보내주신 보혜사 성령님을 통해서 말씀을 깨닫게 하시고, 우리가 말씀 안에 살아갈 수 있도록 통치 사역을 하고 계십니다. 또한 교회와 성도 개개인의 삶에 대한 주권을 가지시면서 교회와 성도가 세상에서 승리할 수 있도록 왕으로서의 통치 사역을 하고 계십니다.

예수님은 온 세상, 온 우주를 다스리시는 가장 강한 왕이시기 때문에 예수님께서 왕으로 통치하시는 나라와 백성은 결코 쇠하거나 망하지 않습니다. 사도신경의 여섯 번째 항목을 믿는다는 것은 예수님께서 나를 위한 제사장, 선지자, 왕의 통치 사역을 통해서 하나님의 은혜 안에 거하는 중재자가 되어 주신 것을 믿는 것입니다.

우리는 주님의 중재와 통치하심 가운데 살아가고 있습니다. 그리고 재림의 날에 영원한 하나님의 나라로 주님과 함께 승천하는 영광을 누리게 될 것입니다. 오늘도 소망 가운데 승리하는 성도가 되기를 바랍니다.

┃함께 나누는 은혜

① 하나님께서 내 인생을 주관하셨던 은혜를 나누어 봅시다.

② 주님께서 나의 중재자가 되셔서 내 마음을 위로했던 경험을 나누어 봅시다.

사도신경

**거기로부터 살아있는 자와
죽은 자를 심판하러 오십니다.**

— 소그룹 인도 —

사도신경 : 다같이 | **찬송** : 369장(통487) | **기도** : 회원 중 | **본문 말씀** : 살전 4:14
| **헌금 찬송** : 180장(통168) | **헌금 기도** : 회원 중 | **주기도문** : 다같이

사람들은 앞일에 대한 관심이 많기에 예측하기를 좋아합니다. 그리고 예측에 근거하여 미래를 준비하며 살아갑니다. 그러나 여러 정보를 통해 예측을 하고, 많은 것을 준비한다 해도 사람은 미래를 정확하게 알 수 없습니다. 단지 예측한 것이 우연히 맞을 때가 있을 뿐이지 정확한 미래는 맞힐 수가 없습니다. 이것이 인간의 한계입니다. 그러나 우리에게 일어날 일에 대해서 정확하게 알려주시는 분이 계십니다. 그분은 세상을 창조하시고 우리의 과거와 현재와 미래를 주관하시는 하나님입니다. 하나님은 성경에 약속한 말씀을 통해서 앞으로 일어날 일들에 대해서 알려주고 계십니다. 사도신경의 일곱 번째 항목은 하나님께서 약속하신 일, 반드시 일어날 일에 대한 고백입니다.

바로 예수님께서 다시 오실 재림에 관한 것입니다. 예수님의 재림은 성경이 말하는 가장 소망 있고 확실한 미래의 일입니다. 그렇다면 사도신경의 일곱 번째 항목을 믿는다는 것은 무엇을 믿는 것입니까?

첫째, 예수님께서 재림하실 때, 모든 사람이 부활할 것을 믿는 것입니다.

사도신경 중 '살아있는 자'라는 표현은 예수님께서 재림하실 때 살아있는 자를 말하고, '죽은 자'는 예수님께서 재림하실 때 죽은 사람을 말합니다. 예수님께서 산자나 죽은 자나 모든 사람을 심판하실 수 있는 이유는 예수님이 재림하실 때 모두 부활하기 때문입니다(요 5:18-29). 그래서 예수님이 재림하실 때까지 살았던 모든 사람이 마지막 심판의 자리에 서게 됩니다. 이 심판을 통해서 의인과 악인이 분리되고, 의인은 생명의 부활과 악인은 심판의 부활을 경험하게 됩니다. 결국 사도신경의 일곱 번째 항목을 믿는다는 것은 재림의 날에 모든 사람이 부활하게 될 것을 믿는 것입니다.

둘째, 예수님께서 재림하시는 목적은 영원한 심판을 위해서임을 믿는 것입니다.

예수님께서 재림하실 때 모든 사람이 부활을 경험합니다. 그런데 부활의 목적은 심판이며, 심판의 결과는 영원합니다. 의인은 영원한 생명을 위한 부활을, 악인은 영원한 형벌을 위한 부활을 합니다. 그 심판의 결과와 모습에 대하여 성경은 다음과 같이 설명합니다.

"또 내가 크고 흰 보좌와 그 위에 앉으신 이를 보니 땅과 하늘이 그 앞에서 피하여 간 데 없더라 또 내가 보니 죽은 자들이 큰 자나 작은 자나 그 보좌 앞에 서 있는데 책들이 펴 있고 또 다른 책이 펴졌으니 곧 생명책이라 죽은 자들이 자기 행위를 따라 책들에 기록된 대로 심판을 받으니 바다가 그 가운데에서 죽은 자들을 내주고 또 사망과 음부도 그 가운데에서 죽은 자들을 내주매 각 사람이 자기의 행위대로 심판을 받고 사망과 음부도 불 못에 던져지니 이것은 둘째 사망 곧 불 못이라 누구든지 생명책에 기록되지 못한 자는 불 못에 던져지더라"(요한계시록 20:11-15)

결국 사도신경의 일곱 번째 항목을 믿는다는 것은 모든 인류의 마지막은 심판으로 끝나게 됨을 믿는 것입니다. 그리고 모든 믿는 자에게 영원한 소망이 있음을 고백하는 것입니다.

셋째, 근신하고 깨어있는 삶을 살아야 함을 믿는 것입니다.

세상의 마지막은 심판입니다. 그 심판을 통해서 모든 사람은 영원한 하나님의 나라와 영원한 지옥 불 못으로 나누어지게 됩니다. 그런데 문제는 예수님이 다시 오실 재림의 날이 언제인지를 아무도 모른다는 사실입니다(막 13:32). 그래서 예수님의 재림을 준비하는 사람은 항상 근신하고 깨어있어야 합니다.

베드로는 고난받는 초대교회 성도들에게 "근신하고 깨어라 너희 대적 마귀가 우는 사자같이 두루 다니며 삼킬 자를 찾나니"(벧전 5:8)라고 권면합니다. '근신하고 깨어있다'는 것은 군인이 언제든지 적과 싸울 수 있도록 경계를 늦추지 말고 준비하라는 것입니다. 사자는 무리와 떨어져 있는 짐승, 병들고 약한 짐승, 경계심을 풀고 있는 짐승, 어린 새끼와 같이 힘이 약한 짐승을 먹잇감으로 공격합니다. 마찬가지로 마귀는 먹잇감을 찾아 포효하는 사자처럼 신앙공동체와 분리되어 교회와 멀어진 사람, 믿음이 연약하고 몸과 영혼이 상하고 지친 사람, 주님과의 관계가 멀어져 나태해진 사람을 실족시키려고 합니다. 그래서 우리는 항상 근신하고 깨어서 기도로, 말씀으로, 그리스도에 대한 믿음으로, 준비된 삶을 살아야 합니다. 결국 사도신경의 일곱 번째 항목을 믿는다는 것은 우리의 삶이 항상 근신하고 깨어서 영적인 경계를 해야 함을 믿는 것입니다.

주님께서 다시 오실 재림의 날을 믿음으로 기다리는 자에게는 구원과 영광의 날입니다. 그러나 믿지 않는 자에게는 심판의 날입니다. 그런데 우리에게 문제는 재림의 날을 알 수 없으니 항상 근신하고 깨어서 주님 다시 오시는 재림의 날에 잘하였다 칭찬받는 성도가 되기를 바랍니다.

❙함께 나누는 은혜
① 지금 나의 삶에 더욱 깨어 근신해야 할 영적 부분은 무엇입니까?
② 우리가 재림을 고대해야 하는 이유는 무엇입니까?

사도신경

**나는 성령을 믿으며
거룩한 공교회와 성도의 교제와**

소그룹 인도

사도신경 : 다같이 | **찬송** : 182장(통169) | **기도** : 회원 중 | **본문 말씀** : 눅 24:49
| **헌금 찬송** : 480장(통542) | **헌금 기도** : 회원 중 | **주기도문** : 다같이

세상에서 가장 큰 공동체, 가장 많은 구성원을 보유하고 있는 공동체는 무엇일까요? 미국이나 러시아 같은 면적이 넓은 나라가 아닙니다. 중국이나 인도 같은 인구가 많은 나라도 아닙니다. UN과 같은 세계 기구도 아닙니다. 바로 예수님께서 당신의 피 값으로 세우신 교회공동체입니다. 사도신경의 여덟 번째 항목은 교회라는 믿음공동체와 공동체를 이르고 있는 구성원 가운데 역사하시는 성령 하나님에 대한 믿음의 고백을 담고 있습니다. 그렇다면 사도신경의 여덟 번째 항목을 믿는다는 것은 무엇을 믿는 것입니까?

첫째, 성령 하나님은 우리 일상의 모든 것을 주관하시고, 변화시키는 분이심을 믿는 것입니다.

성령 하나님을 믿는다는 것은 성령 하나님의 일하심을 믿는다는 것입니다. 먼저 성령 하나님은 성도 개인의 삶에서 예수 그리스도를 믿게 하는 사역을 하십니다. "성령으로 아니하고는 누구든지 예수를 주시라 할 수 없느니라"(고전 12:3). 성령 하나님은 성도들이 재림의 날까지 믿음을 지키게 하고, 구원에 이르는 지혜와 계시의 영으로 인도하시는 분이십니다. 또한 성령 하나님은 성도 개인의 은사를 통해서 교회공동체의 유익을 세우는 일을 하십니다. 지혜의 말씀으로, 믿음으로, 병 고치는 은사로, 모든 능력과 예언과 영분별과 방언의 말함과 통역 등의 은사들을 성도 개인에게 부어주심으로 교회를 섬기고, 성도들을 유익하게 하는 일을 하시는 분이십니다. 그래서 교회공동체 위에 성령의 역사가 강하게 임할 때 우리는 그것을 부흥이라고 부릅니다. 성령이 역사하면 예배가 더욱 예배다워집니다. 성령이 역사하면 설교가 더욱 설교다워집니다. 성령이 역사하면 우리 삶의 모든 것이 새롭게 변화됩니다. 결국 성령 하나님을 믿는다는 것은 성령 하나님은 우리 인생의 모든 것을 변화시키고 새롭게 하시는 분이심을 믿는 것입니다.

둘째, 내가 먼저 세상과 구별되는 삶을 살아야 함을 믿는 것입니다.

교회란 "예수 그리스도의 십자가 은혜로 구원받은 사람들의 모임"이라 정의하면서, 동시에 '거룩한 공교회'라고 말하기도 합니다. 그래서 교회는 믿지 않는 세상 사람들의 모든 공동체와 구별됩니다. 세상의 가치관과 방식에서 구별되는 곳이 교회라는 공동체입니다. 빈부와 신분에 따른 차별, 성과주의와 지금 한국교회를 세속화하는 모든 가치관과 문화로부터 구별되어야 합니다.

그렇다면 교회가 세상과는 구별된 공동체가 되기 위해서 무엇이 필요할까요? 교회를 이루고 있는 성도들이 세상과는 구별된 거룩한 삶이 되어야 합니다. 예수님께서는 사랑하는 제자들에게 "너희는 세상의 빛과 소금"(마 5:13-14)이라고 말씀하셨습니다. 그러기에 성도는 어둡고, 더럽고, 추한 세상을 부끄러워해야 합니다. 그리고 어두운 세상이 밝은 세상으로 나올 수 있도록 인도하는 빛의 역할을 해야 합니다. 더 나아가 성도들의 삶은 힘들고 지친 영혼들에게 세상을 살아갈 맛이 나게 하는 소금과 같은 존재가 되어야 할 것입니다. 결국 사도신경의 여덟 번째 항목을 믿는다는 것은 내가 먼저 세상과 구별된 거룩한 성도가 되어야 주님의 피 값으로 세우신 교회공동체가 세상과 구별될 수 있음을 믿는 것입니다.

셋째, 베풀고 나누는 삶을 살아야 함을 믿는 것입니다.

성도의 교제를 완성하는 가장 핵심 요소는 초대교회의 특징에서 답을 찾을 수 있습니다. 사도의 가르침을 받아서 서로의 물건을 나누고 재산과 소유를 팔아 각 사람의 필요에 따라 나누어 주고 날마다 마음을 같이하여 성전에 모이기를 힘쓰고 음식을 나누어 먹으며 하나님을 찬양하는 것입니다(사도행전 2:42-47).

성도의 교제는 나누는 것입니다. 사도의 가르침을 받아 알게 된 하나님의 사랑과 은혜를 나누는 것이며, 내가 가지고 있는 은사를 통해 서로를 섬기며 은사를 나누는 것입니다. 또한 서로 떡을 떼고 음식을 나누어 먹으며, 필요에 따라서는 서로를 물질로도 돕고 나눌 수 있는 믿음공동체를 만들어 가는 것이 성도의 교제입니다. 그래서 구별된 교회가 되고 구별된 성도가 되기 위해서 끝없이 나누어야 합니다. 사랑을 나누고 은혜를 나누고 정을 나누며 물질을 나누는 교회와 성도가 되어야 합니다.

결국 사도신경의 여덟 번째 항목을 믿는다는 것은 우리의 베풀고 나눔을 통해서 서로가 하나 된 믿음공동체를 세워갈 수 있음을 믿는 것입니다.

우리 모두 사도신경의 여덟 번째 항목을 믿음으로 고백함을 통해서 성령의 강력한 역사하심이 나타나는 부흥을 경험하는 믿음공동체를 세워가는 성도가 되기를 바랍니다.

┃함께 나누는 은혜

① 교회와 성도를 섬기기 위해 성령께서 나에게 주시는 감동은 무엇인가요?

② 세상과 구별된 삶을 위해서 내가 버려야 할 것은 무엇인가요?

사도신경

죄를 용서받은 것과 몸의 부활과
영생을 믿습니다.

─ 소그룹 인도 ─

사도신경 : 다같이 | 찬송 : 430장(통456) | 기도 : 회원 중 | 본문 말씀 : 살전 4:17
| 헌금 찬송 : 438장(통495) | 헌금 기도 : 회원 중 | 주기도문 : 다같이

그리스도인은 예수님을 인생의 구주되심을 믿고, 마음으로 영접한 사람들입니다. 그래서 그리스도인은 믿음으로 죄의 용서와 부활과 영원한 생명을 얻게 된 것이며, 큰 은혜와 복을 누리는 것입니다. 사도신경의 마지막은 그것을 고백하고 있습니다. 그렇다면 사도신경의 마지막 아홉 번째 항목을 믿는다는 것은 무엇을 믿는 것입니까?

첫째, 하나님과의 관계가 회복되었음을 믿는 것입니다.

세상에는 크고 작은 죄들이 너무나 다양하게 존재하는데, 그 다양하고 많은 죄들이 매일, 매분, 매초 마다 일어나고 있습니다. 죄들이 하루 24시간을 쉬지 않고 일어난다는 것은 인간의 삶에 심각한 문제가 있다는 것을 의미합니다.

죄를 의미하는 히브리어 '하타'는 '과녁에서 벗어나다'라는 뜻을 가지고 있습니다. 한마디로 죄는 하나님으로부터 멀어진 상태를 말합니다. 하나님의 말씀에서 멀어지고, 하나님의 성품에서 멀어지고, 하나님의 은혜에서 멀어진 상태가 죄의 상태이며, 죄인 된 우리의 모습인 것입니다. 그래서 죄의 가장 심각한 결과는 모든 관계를 깨뜨리고 멀어지게 하는 것입니다. 아담이 죄를 범했을 때 하와 때문에 선악과 열매를 먹게 되었다며 하와에게 책임을 떠넘기며 사람과의 관계가 깨어졌습니다. 그리고 땅이 저주를 받고 엉겅퀴를 내면서 자연계의 질서가 무너지며 자연과의 관계가 깨어졌습니다. 가장 중요한 하나님과의 관계도 깨져서 하나님을 피해 숨는 모습까지 보였습니다. 또한 하나님께서 주신 여자 때문에 불순종하게 되었다며 하나님께 책임을 전가하면서 하나님과의 관계가 깨어진 것입니다. 그런데 하나님께서는 사람의 모든 죄를 용서하셨습니다. 먼저 아담의 죄는 죄 없는 동물을 죽여서 그의 허물을 가리셨습니다. 그러나 모든 사람의 죄를 사하시기 위해서는 그것만으로는 부족했기에 그리스도의 죽으심으로 다시 하나님께로 나아갈 수 있도록 관계를 회복시켜 주셨습니다(벧전 3:18). 결국 사도신경의 아홉 번째 항목을 믿는다는 것은 예수 그리스도의 십자가 은혜로 하나님과의 관계가 회복되었음을 믿는 것입니다.

둘째, 우리도 예수님의 완전한 부활에 동참하게 되었음을 믿는 것입니다.

모든 사람이 피하고 싶으나 피할 수 없는 것이 육신의 죽음입니다. 육신의 죽음은 심장이 멈추고 뇌가 정지되고 호흡이 멈추는 것을 뜻합니다. 성경은 육신이 죽으면 몸과 영혼이 분리되어 예수님을 믿고 영접한 사람의 영혼은 영원한 하나님의 나라로, 예수님을 믿지 않고 부정한 사람의 영혼은 영원히 꺼지지 않는 불 못에 던져진다고 말합니다. 그리고 육신은 썩어서 흙으로 돌아가는데 죽었던 육신은 재림의 날에 부활합니다. 믿는 자도, 믿지 않는 자도 모두 부활합니다. 그러나 부활의 이유가 다릅니다. 예수님을 믿은 사람은 영생을 위해서 몸이 부활하지만, 예수 믿지 않은 사람은 영원한 심판을 위해 부활합니다. 예수 믿은 사람의 몸의 부활은 단순한 몸의 소생과는 다릅니다. 나사로는 죽었다가 다시 살아났지만 결국 죽었습니다. 아직 완전한 부활을 경험한 것이 아니었습니다. 성도의 완전한 부활은 예수님의 부활과 같은 새로운 변화가 일어납니다. 다시는 죽지 않고 썩지도 않고 영광스러워집니다. 그래서 예수님의 부활은 모든 믿는 사람을 위한 '부활의 첫 열매'가 된 것입니다(고전 15:20). 결국 사도신경의 아홉 번째 항목을 믿는다는 것은 우리도 예수님의 완전한 부활에 동참하게 되었음을 믿는 것입니다.

셋째, 영생의 복은 하나님과 동행하는 것임을 믿는 것입니다.

사람은 누구도 육신의 죽음을 피할 수 없습니다. 육신이 죽어도 영혼은 영원히 죽지 않으며, 예수님의 재림 때, 죽었던 모든 육체도 부활한다는 것을 확인했습니다. 예수 믿은 사람은 새 하늘과 새 땅에 영원히 살고, 믿지 않는 사람은 영원한 불 못에서 살게 됨 역시 확인했습니다. 여기서 중요한 것은 '누구와 어디서, 어떻게 영원히 살아가는가?'입니다.

창세기 5장에서 아담의 족보를 보면 당시 사람들은 팔백 년을 넘게 살았습니다. 반면 에녹은 365년 밖에 살지 못했습니다. 유독 짧은 생을 살았던 에녹이지만 성경은 그의 인생에 대해서 "하나님과 동행하더니 하나님이 그를 데려가시므로 세상에 있지 아니하였더라"(창 5:24)고 소개합니다. 다른 사람에 비해 짧은 삶이었지만 에녹은 하나님과 항상 동행하는 삶을 살다가 하늘로 올라가 하나님과 함께 사는 가장 큰 복을 누린 것입니다. 이 땅에서 아무리 많은 것을 누리고 오랜 삶을 살아도 하나님이 함께 하지 않는 인생은 비참합니다. 그러나 하나님이 함께하는 인생은 비록 가난하고 무명이어도 가장 영광스럽고 행복한 인생입니다. 사도신경의 아홉 번째 항목을 믿는다는 것은 영생의 복은 하나님과 동행하는 것임을 믿는 것입니다.

❙함께 나누는 은혜

① 죄인인 우리는 하나님과의 관계가 어떻게 회복되었습니까?

② 우리가 받은 가장 귀한 복은 무엇입니까?

Christian Basic

십계명

고백자의 삶

십계명

은혜 안에서 계명을 따르는 삶
(십계명 서문)

소그룹 인도

사도신경 : 다같이 | **찬송** : 449장(통377) | **기도** : 회원 중 | **본문 말씀** : 출 20:2
| **헌금 찬송** : 310장(통410) | **헌금 기도** : 회원 중 | **주기도문** : 다같이

신앙생활을 오래 해온 분들일수록 십계명은 익숙한 단어입니다. 그러다 보니 이미 잘 알고 있다고 생각하거나 옛날 율법이기 때문에 오늘을 살아가는 우리와는 크게 상관없다고 느끼기도 합니다. 정말 그럴까요? 십계명은 과거에만 유효한 옛 율법이 아니라 오히려 구원받은 하나님의 백성으로 오늘을 살아가는 우리에게 기준이 되는 은혜의 말씀, 감사의 말씀, 성결의 말씀입니다. 그래서 우리는 십계명을 다시 배워야 합니다. 암기의 수준이 아니라 하나님의 백성으로 임명해 주신 사랑의 마음으로 십계명을 읽어야 합니다.

이제 십계명의 서문부터 함께 살펴보겠습니다. 십계명이 어떤 배경 속에서 주어졌고, 그것이 오늘 우리에게 어떤 의미로 다가오는지

천천히 함께 묵상하며 나아가 봅시다.

1. 십계명은 하나님의 은혜 위에 세워진 말씀입니다.

십계명을 말할 때 많은 이들이 먼저 떠올리는 것은 '하라, 하지 말라'는 명령어들입니다. 그래서 십계명을 부담스럽게 여기거나, 오늘날 우리와는 상관없는 옛 율법처럼 느끼기도 합니다. 하지만 십계명은 은혜 위에 세워진 하나님의 말씀입니다. 출애굽기 20장 2절은 "나는 너를 애굽 땅, 종 되었던 집에서 인도하여 낸 네 하나님 여호와니라"로 시작합니다. 이 말씀은 십계명이 단순한 도덕적 규율이 아니라 하나님이 구속받은 백성에게 주신 언약의 말씀이라는 사실을 보여줍니다. 즉, 하나님이 선한 삶을 살았던 이스라엘 백성들을 먼저 구원하고 이후 십계명을 주신 것이 아니라 그들을 먼저 애굽에서 구원하시고 그 후에 십계명을 주신 것입니다.

구원은 전적으로 하나님의 은혜로 주어지는 선물이며, 구원의 은혜를 경험한 성도는 성령의 도우심을 받아 거룩한 삶으로 반응하게 됩니다. 그러기에 십계명은 구원 받은 영혼들의 거룩한 삶을 위한 방향 제시이며, 하나님의 은혜에 대한 감사의 표현이자, 성결한 삶으로의 부르심입니다. 그러므로 우리는 십계명을 '구원의 조건'으로 받아들이는 것이 아니라 '이미 구원받은 자가 감사로 살아가는 삶의 방식'으로 받아들여야 합니다.

2. 십계명은 우리를 억압하는 규칙이 아니라 보호하는 울타리입니다.

하나님께서 주신 계명은 결코 무겁고 억압적인 것이 아닙니다. 오히려 우리를 죄로부터 지키고, 더 복된 길로 인도하기 위한 하나님의 사랑입니다. 길을 건널 때 신호등은 우리가 가야 할 방향과 멈춰야 할 때를 알려줍니다. 신호등이 없으면 자유로운 것 같지만 오히려 더 큰 위험에 빠질 수 있습니다.

십계명도 마찬가지입니다. 십계명이 우리를 억압하고 제한하는 것처럼 느낄 수 있지만 우리 삶의 안전하게 지키기 위한 하나님의 뜻입니다. '하나님 외에 다른 신을 두지 말라, 부모를 공경하라, 도둑질하지 말라...'는 말씀은 우리의 삶을 질서 있게 하고, 서로를 존중하며 살아가는 공동체를 만들기 위한 하나님의 설계입니다.

3. 십계명은 하나님의 백성답게 살아가기 위한 삶의 지침입니다.

십계명은 단순한 윤리나 도덕의 기준이 아닙니다. 그것은 하나님 나라의 백성으로서 우리의 정체성과 삶의 방향성을 보여주는 신앙의 나침반입니다. 출애굽기 19장 5-6절에서 하나님은 이스라엘에게 '너희는 내 소유가 되고, 제사장 나라가 되며, 거룩한 백성이 될 것'이라고 말씀하셨습니다. 이 약속은 현재 우리에게도 동일하게 적용되는 말씀으로, 우리가 하나님의 소유가 되어, 거룩한 제사장 나라와 같이 되기 위한 길라잡이와 같은 것이 십계명입니다. 예수님도 요한복음 14장 15절에서 "너희가 나를 사랑하면 나의 계명을 지키리라"고 말씀하셨습니다. 사랑은 말로만 표현되는 것이 아니라, 순종으로 나타납니다.

우리가 하나님을 사랑한다고 고백한다면, 그 사랑은 고백 자체로 그치는 것이 아니라 하나님의 말씀에 순종하는 삶으로 증명되어야 합니다. 십계명은 성도가 성도답게 살아가기 위한 안내서입니다.

▌함께 나누는 은혜

① 지금까지 나는 십계명을 어떤 시선으로 바라보고 있었나요? 두려움의 시선과 은혜의 시선 중 어떤 마음인가요?

② '나는 하나님의 백성이다'라는 정체성이 내 삶에 어떤 영향을 주고 있나요? 오늘 나는 어떻게 살아가야 할까요?

십계명

너는 나 외에는 다른 신들을 네게 두지 말라 (제 1계명)

소그룹 인도

사도신경 : 다같이 | **찬송** : 315장(통512) | **기도** : 회원 중 | **본문 말씀** : 출 20:3 | **헌금 찬송** : 94장(통102) | **헌금 기도** : 회원 중 | **주기도문** : 다같이

신앙생활을 하다 보면 자주 듣는 이야기 중 하나가 "하나님을 가장 먼저 사랑하라"는 말입니다. 그런데 안타깝게도 정작 우리의 마음 속에 하나님 외에도 수많은 '우상'들이 자리 잡고 있으며, 하나님보다 마음 속 우상들을 더 사랑하는 자신을 보게 될 때가 있습니다.

십계명의 첫 번째 계명은 바로 이 부분을 정면으로 다룹니다. 하나님께서는 왜 다른 신들을 네게 두지 말라고 하셨을까요? 이 계명은 단순히 종교적인 배타성을 말하는 것이 아닙니다. 하나님과 우리의 관계를 올바로 세우기 위해 사랑으로 주어진 명령입니다. 우리는 제1계명을 통해 하나님께서 우리 삶의 중심에 어떤 분으로 계시기를 원하시는지를 함께 깊이 묵상해보고자 합니다.

1. 왜 하나님만 섬겨야 하는가?

출애굽기 20장 2절은 십계명이 시작되기 앞서 하나님께서 당신의 정체성과 행하신 일을 먼저 밝히십니다. "나는 너를 애굽 땅, 종 되었던 집에서 인도하여 낸 네 하나님 여호와니라." 이 선언은 십계명이 단지 명령이 아니라 하나님의 은혜 위에 세워진 말씀임을 보여줍니다.

하나님은 이스라엘 백성이 의롭고, 선했기 때문에 구원하신 것이 아닙니다. 민족적 우성을 가지고 있어서 이스라엘을 애굽에서 구원하신 것도 아닙니다. 하나님은 아무 공로 없는 그들을 먼저 구원하시고, 구원받은 자로서 어떻게 살아야 할지를 알려주신 것입니다. 구원의 과정에서 이스라엘이 한 것은 아무것도 없었습니다. 그러기에 구원은 전적인 하나님의 은혜로 이루어진 것이며, 그 은혜를 경험한 성도는 자연스럽게 감사와 찬송, 순종으로 반응하게 됩니다.

제1계명은 감사와 찬송의 반응이 어디서 시작되어야 하는지를 분명하게 알려줍니다. 구원 받은 자의 감사와 찬송은 하나님만이 우리의 유일한 주인이심을 고백하고, 그분만을 경외하며 살아가라는 것입니다.

2. 오늘날의 '다른 신들'은 무엇인가?

고대 이스라엘 백성이 섬기던 우상들은 형상을 가진 존재들이었습니다. 그러나 오늘날 우리가 섬기는 '우상'은 눈에 보이지 않는 방식으로 우리 삶에 깊이 스며들어 있습니다. 돈, 성공, 명예, 쾌락, 심지어 자기 자신까지도 하나님보다 앞세워질 수 있습니다. 이러한 것들이 우리의 마음속에서 하나님보다 더 중요하게 여겨지는 순간, 우리는 이미 '다른 신'을 마음에 둔 것입니다.

예수님께서는 "한 사람이 두 주인을 섬기지 못한다"(마 6:24)고 말씀하셨습니다. 이것은 삶이 단순했던 2,000년 전이나 해당되는 말씀이 아닙니다. 하나님과 재물을(다른 것을) 동시에 섬길 수 없다는 말씀은 지금 이 시대를 사는 우리에게도 똑같이 적용됩니다. 그러나 오늘 우리는 물질에 대한 마음이 하나님보다 더 클 때가 있음을 솔직히 말할 수 있습니다. 물질만이 아닙니다. 언제나 '1순위'이어야 할 하나님이지만 어느 순간 자연스럽게 3순위, 4순위로 밀려 날 때도 많았음을 고백합니다. 그러기에 과연 무엇을 가장 신뢰하며 살아가고 있는지, 어떤 가치를 가장 소중히 여기는지 정직하게 돌아보아야 합니다. 은혜로 구원의 선물을 받은 성도는 언제나 하나님이 먼저이어야 합니다.

3. '나 외에는'의 의미 – 하나님의 얼굴 앞에서

출애굽기 20장 3절은 "너는 나 외에는 다른 신들을 네게 두지 말라"라고 명령하십니다. 여기서 '나 외에는'이라는 히브리어 표현은 '내 얼굴 앞에서'라는 의미입니다. 이 표현은 단순히 하나님만을 섬기라는 선언을 넘어 하나님과의 인격적인 관계 속에서 살아가야 한다는 깊은 뜻을 담고 있습니다.

첫째, '하나님의 얼굴 앞에서'란 표현은 하나님께서 지금 이 순간 우리를 바라보고 계시다는 사실을 의미합니다. 하나님 앞에서는 그 어떤 것도 숨길 수 없습니다. 우리의 숨겨진 우상 숭배조차도 그분은 다 아십니다. 시편 139편 7-10절은 이렇게 고백합니다. "내가 주의 영을 떠나 어디로 가며 주의 앞에서 어디로 피하리이까. 내가 하늘에 올라갈지라도 거기 계시며, 스올에 내 자리를 펼지라도 거기 계시니이다. 내가 새벽 날개를 치며 바다 끝에 가서 거주할지라도 거기서도 주의 손이 나를 인도하시며, 주의 오른손이 나를 붙드시리이다.” 이 말씀처럼 우리는 늘 하나님의 시선 앞에 서 있습니다. 그 앞에서 다른 신을 두는 것은 곧 하나님 앞에서 다른 존재를 섬기는 일이 됩니다.

둘째, ‘하나님의 얼굴 앞에서’란 표현은 하나님의 은혜와 사랑을 떠올리게 합니다. 민수기 6장 24-26절에서 하나님은 그 얼굴을 우리에게 비추사 은혜 베푸시기를 원하신다고 하셨습니다. 하나님은 우리를 사랑으로 바라보시며, 그 얼굴을 우리에게 향하고 계십니다. 그런데 그 은혜의 얼굴 앞에서 다른 신들을 둔다는 것은, 하나님의 사랑을 저버리고 외면하는 부끄러운 일이 됩니다. 그래서 이 계명은 단순한 금지가 아니라, 하나님과의 친밀한 관계를 지키기 위한 사랑의 명령인 것입니다.

▌함께 나누는 은혜

① 하나님 외에 내 삶의 중심에 두고 있는 ‘다른 신’이 있다면 무엇인가요?

② 하나님을 가장 먼저 두는 삶을 살아가기 위해, 오늘 내가 바꿔야 할 습관이나 태도는 무엇인가요?

십계명

너를 위하여 새긴 우상을 만들지 말라 (제 2계명)

소그룹 인도

사도신경 : 다같이 | 찬송 : 95장(통82) | 기도 : 회원 중 | 본문 말씀 : 출 20:4-6 | 헌금 찬송 : 267장(통201) | 헌금 기도 : 회원 중 | 주기도문 : 다같이

십계명의 두 번째 계명은 단순히 나무나 돌로 만든 우상을 금하는 데 그치지 않습니다. 하나님은 보이지 않는 분이며, 어떤 피조물도 하나님의 본질을 온전히 드러낼 수 없습니다. 그럼에도 인간은 보이지 않는 하나님을 눈에 보이는 방식으로 제한하고 조작하려는 유혹에 자주 빠집니다. 이러한 시도가 결국 하나님을 대신하는 형상을 만들어 우상으로 섬기게 되는 것입니다.

오늘날 우상은 조각상에 국한되지 않고, 우리가 만들어낸 '하나님 이미지', 성공, 안락함, 종교적 경험, 그리고 '내가 원하는 신앙'이 될 수 있습니다. 이번 과에서는 형상으로 만든 신앙이 왜 하나님 앞에서 문제가 되는지, 그리고 어떻게 은혜 안에서 이 계명을 지켜낼 수 있는지

함께 묵상해 보려 합니다.

1. 하나님은 인간의 형상으로 제한될 수 없는 분이십니다.

하나님은 스스로 존재하시며, 창조주이십니다. 어떤 피조물도 하나님의 본질을 온전히 담아낼 수 없습니다. 그럼에도 사람은 눈에 보이지 않는 하나님을 이해하려고 자신이 아는 방식대로 하나님을 규정하려는 유혹에 자주 빠집니다. 이것이 바로 '형상을 만들지 말라'는 명령의 이유입니다. 금송아지를 만든 이스라엘 백성은 하나님을 부정하지 않았습니다. 오히려 하나님을 '그렇게 생긴 분'으로 생각했고, 생각한 것을 표현하고자 했던 것입니다. 하지만 하나님께서는 그런 시도조차 거절하십니다.

왜일까요? 하나님은 보이는 형상으로 설명될 수 있는 분이 아니시며, 어떤 물리적 이미지도 하나님을 '대체'하거나 '대표'할 수 없기 때문입니다. 신명기 4장 12절에서 모세는 "여호와께서 너희에게 말씀하시되 너희가 어떤 형상도 보지 못하였느니라"고 강조합니다. 하나님은 보이는 것이 아니라 들려지는 말씀을 통해 자신을 계시하시는 분입니다. 하나님을 형상화하려는 것은 하나님을 통제하려는 어리석은 시도이며, 결국 그것은 인간 자신이 신이 되고자 하는 교만한 시도입니다. 따라서 제2계명은 우상의 문제 이전에, 하나님에 대한 경외와 겸손의 문제입니다.

오늘날 많은 성도들은 "우상을 섬기지 않으니 이 계명은 나와는 상관없다"고 생각합니다. 그러나 우상은 단지 돌이나 나무로 만든 조각상만을 의미하지 않습니다. 오히려 오늘날의 우상은 눈에 보이지 않게 마음 깊숙이 자리합니다. 대표적인 예가 '내가 원하는 하나님'입니다. "나에게 복만 주시는 하나님, 내 자녀를 잘 되게 해주는 하나님, 나를 벌주지 않는 관대한 하나님." 이런 하나님은 성경이 말하는 하나님이 아니라 자기 기호대로 만들어낸 '기호적 신'입니다. 즉, '하나님'이라는 이름을 쓰지만, 실제로는 내가 만들어낸 허상의 신을 믿고 있는 것입니다.

현대는 '이미지 중심의 사회'입니다. 브랜드, 연예인, 인플루언서, 이미지 메이킹, 교회마저도 브랜드화되어 갑니다. 이 가운데 우리의 신앙도 '진리'가 아닌 '느낌'과 '취향'에 따라 흐를 위험에 노출되어 있습니다. 말씀의 하나님보다 '좋은 이미지의 하나님', '감동 주는 스타일의 예배'를 더 선호하게 될 때 우리는 보이지 않는 우상을 섬기고 있는 것입니다.

제2계명은 은밀한 우상숭배를 경고합니다. 그러기에 우리의 신앙은 말씀에 근거해야 하며, 하나님을 내 방식대로 섬기는 것이 아니라 하나님께서 알려주신 방식대로 예배해야 합니다.

3. 성찬은 우상을 이기는 거룩한 형상입니다.

출애굽기 20장 5절에서 하나님은 스스로를 '질투하는 하나님'이라고 표현하십니다. 이 말씀은 하나님의 감정이 불안정하다는 뜻이 아니라 하나님께서 우리를 사랑하시기 때문에 우리의 마음이 다른 형상에 뺏기는 것을 참을 수 없다는 거룩한 사랑의 표현입니다. 하나님은 우리에게 어떤 형상도 만들지 말라고 하셨지만, 오히려 우리를 그분의 형상으로 지으셨습니다. 그 형상의 본체는 예수 그리스도이십니다(골 1:15). 그렇다면 형상화가 무조건 금지된 것이 아니라 하나님께서 정하신 방식, 곧 예수 그리스도를 통해서만 하나님을 알 수 있다는 뜻입니다.

이런 점에서 성찬은 제2계명의 대안적 실천입니다. 성찬은 '보이는 떡과 잔'을 통해 '보이지 않는 임재'를 경험하는 자리입니다. 성찬은 예수님의 죽으심과 부활을 기념하며, 그분과 연합되는 자리입니다. 성찬은 인간이 만들어낸 형상이 아니라, 하나님께서 정하신 은혜의 형상입니다. 이런 의미에서 성찬은 이 시대의 이미지 중심 문화에 맞서 교회가 가질 수 있는 가장 강력한 대안적 문화입니다. 교회는 시각적 감동과 이미지 소비로 예배를 구성하려 하지 말고, 말씀과 성찬이라는 하나님의 방식으로 하나님을 예배해야 합니다. 성찬은 '우상이 아닌 살아있는 형상'을 경험하는 자리이며, 거룩한 이미지로서의 그리스도를 모시는 예식입니다.

▍함께 나누는 은혜

① 나는 하나님을 어떤 이미지로 마음속에 그리고 있습니까?

② 내 신앙 속에 하나님보다 더 많이 의지하고 있는 '보이지 않는 우상'은 무엇입니까?

십계명

여호와의 이름을 망령되이 일컫지 말라 (제 3계명)

소그룹 인도

사도신경 : 다같이 | 찬송 : 93장(통93) | 기도 : 회원 중 | 본문 말씀 : 출 20:7 | 헌금 찬송 : 79장(통40) | 헌금 기도 : 회원 중 | 주기도문 : 다같이

이름에는 한 사람의 명예, 인격, 정체성, 그리고 사명까지 담겨 있습니다. 또한 누군가의 이름을 부른다는 것은 그 사람의 존재 전체를 떠올리고 존중하는 행위입니다. 이름은 단순한 호칭 이상의 의미를 갖습니다.

성경 시대에도 이름은 단지 식별의 도구가 아닌 존재의 본질과 사명을 나타내는 상징이었습니다. 하나님의 이름도 마찬가지입니다. 하나님의 이름은 그분의 본성과 존재, 일하심과 성품, 그리고 구속의 역사를 모두 포괄하는 거룩한 자기 계시입니다.

하나님께서 자신의 이름을 우리에게 허락하셨다는 것은 우리와 인격적인 관계를 맺으시려는 은혜의 선언입니다. 하나님의 이름은 하

나님을 예배하며, 하나님 앞에 나아가고, 하나님과 교제할 수 있는 통로이자 축복입니다. 그러기에 하나님의 이름을 경외함으로 부르는 것은 단순한 언어적 행위가 아니라 하나님을 존중하고 높이는 신앙의 고백입니다. 반면 하나님의 이름을 가볍게 사용하거나 남용하는 것은 단지 말실수가 아니라 하나님을 경시하는 태도에서 비롯된 심각한 죄입니다. 오늘날 하나님의 이름을 남용하거나 조롱하는 문화 속에서 제 3계명의 말씀 앞에 서야 합니다. 하나님의 이름을 경외함으로 높이고 그 거룩하신 이름에 걸맞은 삶을 살아가야 할 것입니다.

1. 하나님의 이름은 하나님의 인격이며 자기 계시입니다

성경에서 '이름'은 단지 구분을 위한 호칭이 아니라 존재의 성격과 본질을 담아내는 중요한 상징입니다. 하나님의 이름도 그분의 인격 전체를 담고 있는 계시입니다. 하나님의 이름 '여호와'는 자존자이시며, 스스로 계신 분이라는 의미를 갖고 있습니다, 게다가 하나님이 인간의 이해와 제한을 넘어 계신 절대적 존재임을 나타냅니다.

여호와(언약의 하나님), 엘로힘(창조주 하나님), 엘샤다이(전능하신 하나님), 여호와닛시(승리의 하나님), 여호와로이(목자되신 하나님), 여호와이레(준비하시는 하나님)와 같은 이름은 하나님이 누구신지를 그분의 행위와 속성을 통해 우리에게 알려주는 자기 계시의 수단입니다. 따라서 하나님의 이름을 부른다는 것은 단지 언어를 발하는 행위가 아니라 그분의 거룩하심과 신실하심, 자비와 공의를 함께 고백하는 신앙적 행위입니다. 우리가 하나님의 이름을 부를 수 있다는 것은 은혜이며, 우리는 그 이름을 경외함으로 대해야 합니다.

2. 하나님의 이름을 망령되이 일컫는 구체적인 모습들

하나님의 이름을 망령되이 일컫는다는 것은 하나님의 이름을 가볍고 무책임하게 사용하는 것을 의미합니다. 저속한 언어나 욕설 속에 '하나님' 혹은 '예수님'이라는 이름을 넣는 것뿐만 아니라 하나님의 뜻과 무관한 말을 하면서 그분의 이름을 끌어들이는 것도 이에 해당됩니다. 예를 들어, 자신이 하고 싶은 일을 '하나님이 주신 마음'이라 주장하거나, 개인의 계획을 정당화하기 위해 '주님이 말씀하셨다'고 하는 태도는 매우 위험합니다. 또한 신앙적 표현을 남용하거나, 기도나 예배 속에서 하나님의 이름을 의미 없이 반복하며 무감각하게 사용하는 것도 그 이름을 비워진 말로 만드는 행위입니다. 그뿐 아니라 하나님의 이름으로 맹세하면서 거짓을 말하거나 책임을 회피하는 행위도 여기에 포함됩니다.

이처럼 우리의 말과 삶 속에서 하나님의 이름은 언제나 신중하고 존귀하게 사용되어야 합니다. 우리는 하나님의 이름을 들먹이는 사람인지, 그 이름에 합당하게 살아가는 사람인지 점검해야 합니다.

3. 고백과 예배로 하나님의 이름을 높이는 삶

하나님의 이름을 존귀하게 여기는 삶은 입술의 표현으로 끝나지 않습니다. 예배와 고백의 중심의 삶이어야 합니다. 초대교회는 예배 가운데 삼위 하나님의 이름을 바르게 고백함으로써 바른 신앙을 지켜냈는데, 사도신경과 니케아신경은 그 고백의 결실입니다. 교회는 고백의 문화를 통해 하나님의 이름을 거룩하게 해야 하며, 신자는 예배

가운데 드리는 신앙 고백과 그 고백대로 살아가는 삶을 통해 하나님의 이름을 영화롭게 해야 합니다.

하나님이 성도들에게 허락하신 특별한 이름이 있습니다. 바로 '예수 그리스도'입니다. 예수님의 이름은 구원의 이름이며, 우리가 하나님께 나아갈 수 있는 유일한 길입니다. 예수님은 하나님의 본체이시며 (빌립보서 2:6), 하나님의 이름을 온전히 계시하신 분입니다. 예수님은 십자가에서 하나님의 공의와 사랑을 동시에 드러내셨고, 부활로 하나님의 승리를 증언하셨습니다. 그러므로 우리가 예수 그리스도의 이름 아래에 있을 때, 우리는 하나님의 이름을 왜곡하거나 오용하지 않고, 그 이름을 진리 안에서 바르게 고백하며 높일 수 있습니다.

▌함께 나누는 은혜

① 나는 하나님의 이름을 어떻게 사용하고 있습니까? 그 이름을 내 삶에서 어떻게 존귀히 여기고 있습니까?

② 예배 중에, 기도 중에, 혹은 일상 속에서 나는 어떻게 하나님의 이름을 고백하고 있습니까?

십계명

안식일을 기억하며 거룩히 지키라
(제 4계명)

소그룹 인도

사도신경 : 다같이 | **찬송 :** 455장(통507) | **기도 :** 회원 중 | **본문 말씀 :** 출 20:8-11
| **헌금 찬송 :** 213장(통348) | **헌금 기도 :** 회원 중 | **주기도문 :** 다같이

우리가 살고 있는 무한 경재 사회는 구성원들에게 경쟁과 생산성의 압박, 정보의 과잉제공으로 일할 수밖에 없는 상황이 만들어졌고, 그로인해 쉼을 잃어버린 채 불안감을 안고 살게 합니다. 그러나 하나님은 안식일을 통해 인간에게 쉼을 명령하셨습니다. 안식은 의무가 아니라 은혜이며 선물입니다. 제4계명은 우리가 누구인지 그리고 하나님이 누구신지를 다시 기억하게 해주는 복된 말씀입니다. 이 계명은 쉼의 권고가 아니라 삶의 주인이 누구인지를 고백하는 날이며, 창조와 구원의 질서 안에서 회복과 재창조를 경험하는 날입니다.

1. 창조의 리듬을 기억하라 – 출애굽기 20장의 관점

출애굽기 20장 11절은 안식일을 지켜야 하는 이유를 분명히 밝히고 있습니다. "이는 엿새 동안에 나 여호와가 하늘과 땅과 바다와 그 가운데 모든 것을 만들고, 일곱째 날에 쉬었음이라. 그러므로 나 여호와가 안식일을 복되게 하여 그 날을 거룩하게 하였느니라." 하나님은 엿새 동안 질서 있게 우주를 창조하시고, 일곱째 날에는 모든 것을 마치시고 쉬셨습니다.

하나님의 안식은 육체적 피로를 해결하기 위한 휴식을 의미하는 것이 아니라 창조가 완전하게 이루어졌음을 선포하시고, 그 완성을 기뻐하신 것입니다. 특별히 인간은 창조 마지막 날에 지음 받았으며, 인간이 창조 직후 맞이한 첫 날은 안식의 날이었음을 기억해야 합니다. 이것은 인간의 존재가 '일하는 자'가 아니라 먼저 '하나님과 함께 쉬는 자', 곧 하나님의 임재와 은혜 안에서 시작하는 존재임을 보여줍니다. 하나님은 창조의 질서 속에 '일과 쉼'이라는 리듬을 두셨고, 이는 우리 삶의 건강한 흐름과 정체성을 위한 것입니다. 안식일을 지키는 것은 하나님의 창조주 되심을 기억하며, 그분의 질서에 순종하고자 하는 믿음의 표현입니다.

2. 구속의 은혜를 기억하라 – 신명기 5장의 관점

신명기 5장 15절은 안식일을 지켜야 하는 또 다른 이유를 들려줍니다. "너는 기억하라 네가 애굽 땅에서 종이 되었더니 네 하나님 여호와가 강한 손과 편 팔로 거기서 너를 인도하여 내었나니, 그러므로 네 하나님 여호와가 네게 명령하여 안식일을 지키라 하느니라." 안식일은 창조를 기념하는 날인 동시에 구속의 은혜를 기억하는 날입니다. 이스라엘은 애굽에서 종살이하던 백성이었습니다. 그들에게 안식이란 누릴 수 없는 특권이었고, 쉼이란 주어지지 않았던 현실이었습니다. 그러나 하나님은 그들을 강한 손과 편 팔로 인도하여 내신 후 해방된 자로서 안식을 누리게 하셨습니다.

신명기의 안식일 계명은 한 민족의 정치적 독립이 아니라 하나님께서 그분의 백성을 죄와 억압의 삶에서 건져내신 구원의 이야기입니다. 오늘날 우리도 죄와 죽음의 노예 상태에서 예수 그리스도의 십자가 은혜로 자유케 된 존재입니다. 그러므로 우리는 안식일(주일)을 통해 그 은혜를 기억하고, 감사하며 살아가야 합니다. 안식일을 지킨다는 것은 '하나님이 나를 구원하셨다'는 사실을 고백하는 일이자 나의 생명이 은혜로 살아가고 있음을 삶으로 드러내는 복된 실천입니다.

3. 주일, 참된 안식을 사는 삶

예수님께서는 마가복음 2장 27절에서 "안식일이 사람을 위하여 있는 것이요 사람이 안식일을 위하여 있는 것이 아니니"라 말씀하셨습니다. 율법적 형식이 아니라 사람을 회복시키기 위한 하나님의 배려가 바로 안식일입니다. 예수님은 안식일에 병든 자를 고치시며, '참된 쉼'을 회복시키셨습니다. 그리고 예수님은 부활하심으로 안식일의 진정한 의미를 성취하셨고, 교회는 그 날을 '주의 날'로 지키기 시작했습니다.

주일은 하나님 나라의 백성임을 드러내는 날입니다. 쉼 없이 돌아가는 세상 속에서 쉼을 선택함으로 '내 인생의 주인은 하나님이십니다'라고 고백하는 날입니다. 나의 일을 멈추고, 여호와의 일하심을 바라보며 누리는 시간입니다. 그래서 '주일을 거룩히 지킨다'는 것은 복음의 증언이며, 세속문화에 맞서는 하늘의 시위입니다. 예배와 말씀, 기도와 공동체, 그리고 영적 재충전을 통해 우리는 주일에 진정한 안식을 누립니다. 이것은 단지 육체의 휴식이 아니라 영혼의 안식이며 존재의 재정비입니다. 주일을 지키는 자는 하나님과 동행하는 삶을 회복할 수 있습니다.

▌함께 나누는 은혜

① 나는 주일을 어떤 날로 여기고 있습니까? 나에게 주일은 쉼의 날입니까, 해야 할 일의 연장이었습니까?

② 주일을 거룩하게 지킨다는 것이 왜 하나님께 영광이 되고, 세상 앞에 복음의 증거가 되는지 함께 나눠 봅시다.

십계명

네 부모를 공경하라 (5계명)

소그룹 인도

사도신경 : 다같이 | **찬송** : 545장(통344) | **기도** : 회원 중 | **본문 말씀** : 출 20:12 | **헌금 찬송** : 559장(통305) | **헌금 기도** : 회원 중 | **주기도문** : 다같이

십계명은 하나님과의 관계(1-4계명)와 사람과의 관계(5-10계명)로 나뉘며, 그 가운데 사람과의 관계를 시작하면서 첫 번째로 등장하는 제5계명은 "부모 공경"입니다. 이것은 단순히 예절 교육이 아니라 가정이라는 질서 속에 하나님의 권위를 어떻게 인식하고 순종할 것인가에 대한 계명입니다.

가정은 하나님 나라를 배우는 첫 번째 학교입니다. 가정은 하나님의 권위가 가장 먼저 드러나는 곳이며, 사랑과 질서, 돌봄과 순종의 관계를 통해 하나님 나라의 모형을 경험하는 자리입니다. 그러기에 하나님은 이 계명을 인간 공동체의 기초로 두셨습니다. 하나님께 순종하는 삶은 부모에게 순종하는 태도에서부터 시작됩니다.

1. 부모 공경은 하나님께 순종하는 삶의 기초입니다.

'공경하라'는 히브리어 '카베드'(כָּבֵד)로 '무겁게 여기다, 존귀하게 하다'라는 뜻을 가지고 있는 단어입니다. 성경적 개념에서 '공경'이란 단순한 효행이나 예절 이상의 개념으로, 부모를 향한 진지한 존중과 실질적인 책임, 돌봄의 행위를 포함합니다.

부모는 하나님의 창조 사역에 동참하는 도구로서 생명을 잉태하고 양육합니다. 따라서 부모를 공경하는 것은 인간관계 속에서 예절을 지키는 것이 아니라 하나님께서 주신 생명의 질서를 인정하고 이에 순종하는 신앙적 행위인 것입니다. 하나님은 자녀가 부모에게 순종하는 태도를 통해 하나님에 대한 순종과 경외심을 배워가도록 하셨습니다. 성경은 이렇게 말씀합니다.

"네 아버지와 어머니를 공경하라 이것은 약속 있는 첫 계명이니"(엡 6:2)

"네 눈을 조롱하며 어머니 순종하기를 싫어하는 자의 눈은 골짜기
까마귀에게 쪼이고 독수리 새끼에게 먹히리라"(잠 30:17)

2. 부모 공경은 약속 있는 계명입니다.

부모 공경은 출애굽기 20장 12절은 유일하게 '약속'을 담고 있는 계명으로, 하나님은 부모 공경에 '네 생명이 길리라'는 축복을 약속하셨습니다. 단지 수명의 연장을 의미하는 약속이 아니라 하나님께서 주

신 땅에서의 평안하고 복된 삶, 공동체의 안정과 번영을 포함하는 포
괄적 의미입니다. 신약 성경도 부모 공경은 '약속 있는 첫 계명'으로 부
르며(엡 6:2), 하나님과의 언약 관계 속에서 복을 누리는 삶의 시작으로
강조합니다.

부모 공경은 한 개인의 복을 넘어 공동체와 사회의 질서를 세우는
기초입니다. 부모 공경이 무너지면 가정 안에서의 권위가 사라지고,
그 결과 하나님의 질서가 무너집니다. 그러기에 부모 공경은 하나님
나라의 질서를 드러내는 증거입니다. 하나님의 말씀에 순종하고자 하
는 성도라면 가장 가까운 부모와의 관계 안에서부터 복의 통로를 만
들어 가야 합니다.

3. 깨어진 관계 속에서도 공경은 가능하다.

현실 속에서 부모 공경은 단순하지 않습니다. 특히 학대, 무관심,
신앙적 갈등 등 상처가 있는 경우에는 공경은 더욱 어렵습니다. 그러
나 하나님은 '부모의 인격이나 행동에 따라 공경하라'고 하시지 않고,
'그 지위 자체'를 인정하라고 명령하십니다. 공경은 감정이나 상황의
문제가 아니라 믿음과 순종의 결단입니다.

공경은 무조건적인 복종이 아니라 하나님의 뜻에 근거한 존중이
며, 그리스도 안에서 행하는 사랑입니다. 부모가 신앙인이 아닐지라
도 자녀는 복음 안에서 그들을 품을 수 있는 믿음과 은혜가 있어야
합니다. 때로는 기도와 돌봄으로, 심지어 용서로 공경을 실천해야 할
때도 있습니다. 부모님이 곁에 계시지 않더라도 그들을 기억하며 기도
하고, 유산을 바르게 계승하고자 하는 마음 또한 거룩한 공경입니다.

하나님은 이와 같은 결단과 행위를 귀하게 보시며, 그 순종을 통해 관계의 회복과 마음의 치유를 주십니다.

┃함께 나누는 은혜
   ① 나는 부모님을 어떻게 공경하고 있습니까? 혹시 공경을 '감정'이나 '조건'으로만 판단하고 있지는 않습니까?
   ② 부모 공경이 하나님과의 관계에 어떤 영향을 주는지, 우리 삶에 어떤 복으로 이어지는지 함께 나눠 봅시다.

십계명

살인하지 말라 (6계명)

소그룹 인도

사도신경 : 다같이 | 찬송 : 212장(통347) | 기도 : 회원 중 | 본문 말씀 : 출 20:13 | 헌금 찬송 : 215장(통354) | 헌금 기도 : 회원 중 | 주기도문 : 다같이

일반적으로 '살인'이라는 단어는 나와는 무관한, 극단적 범죄를 생각하곤 합니다. 그러나 제6계명의 '살인하지 말라'는 단순한 행위의 금지를 넘어, 인간 존재에 대한 근본적인 태도와 마음의 상태까지 아우르는 깊은 명령입니다.

하나님은 생명의 주인이십니다. 하나님의 형상대로 지음 받은 모든 생명은 존엄하며, 존중받아야 합니다. 생명을 해치는 행위뿐 아니라, 무관심과 혐오, 미움과 폭력의 말조차도 하나님 앞에서 죄가 됩니다. 그러기에 이 계명은 살인의 금지가 아니라 '살려내라'는 부르심이며, 십자가에서 생명을 내어주신 예수 그리스도의 사랑 안에서 생명을 살리는 삶으로 나아가라는 초대입니다. 파괴와 분열의 문화 속에

서 '살인하지 말라'는 계명은 더욱 시급하고 본질적인 하나님의 요청입니다.

1. 제6계명은 하나님의 형상으로서 인간 생명의 거룩함을 선포합니다.

'살인하지 말라'는 명령은 단순히 폭력 행위를 금지하는 것이 아니라 인간 존재 전체에 대한 존엄성과 가치를 인정하라는 하나님의 선언입니다. 성경은 인간을 하나님의 형상대로 창조하셨다고 선포합니다(창 1:27). 즉, 인간은 하나님을 닮은 존재로 창조되었으며, 모든 사람은 하나님의 형상을 지닌 존재로 존귀합니다. 따라서 생명은 인간의 소유물이 아니라 하나님의 선물이며, 우리는 그 생명을 침해할 권한이 없습니다. 그래서 이 계명은 생명 자체에 대한 경외심과 책임을 요구합니다.

현대 사회 속에서는 이 계명이 더욱 넓은 의미로 적용되어야 합니다. 물리적 폭력과 더불어 구조적 폭력, 언어폭력, 사회적 배제와 무관심, 혐오와 차별 등 사람을 죽이는 다양한 방식들을 포함합니다. 이러한 시대 속에서 그리스도인은 생명을 존중하며, 모든 인간 안에 새겨진 하나님의 형상을 발견하고 지켜주는 삶을 살아가야 합니다.

2. 죄 된 본성을 거슬러 사랑해야 합니다.

예수님은 마태복음 5장 21-22절에서 형제에게 노하거나 멸시하는 말 한마디도 살인의 죄와 같다고 하셨습니다. 이 말씀은 우리 내면에 깊이 자리한 죄된 본성을 직면하게 합니다. 우리는 본능적으로 자기 중심적이며, 타인을 미워하거나 배제하는 경향이 있습니다. 그러기에 이 계명은 단지 행동을 교정하라는 윤리적 권면이 아니라, 본성을 넘어서라 하시는 하나님의 명령입니다.

요한일서 4장 20절은 이렇게 말합니다. "형제를 사랑하지 않으면 보지 못하는 하나님을 사랑할 수 없다." 하나님 사랑은 이웃 사랑을 통해 실현됩니다. 살인하지 말라는 계명은 결국, 우리 안에 자리한 증오와 혐오, 분노를 십자가의 사랑으로 이겨내라는 명령입니다.

3. 내가 죽어 너를 살리는 생명의 문화로 나아가야합니다.

기독교의 중심은 십자가입니다. 십자가는 죽음의 상징이지만, 동시에 생명을 낳는 길입니다. 예수님은 자신의 생명을 우리를 위해 내어 주셨고, 이는 우리로 하여금 다른 사람의 생명을 살리는 삶으로 초대하십니다.

이러한 십자가의 신학은 힘과 권력, 성공을 추구하는 세상 문화와는 반대되는 생명 중심적 가치입니다. 우리는 십자가의 사랑 안에서 타인을 살리기 위해 자신을 낮추고 희생하는 삶을 살아야 합니다. 이것이 바로 '살인하지 말라'는 계명이 우리에게 요구하는 적극적 생명의 윤리입니다.

현대 사회는 자극적인 프로그램과 경쟁, 효율성, 결과 중심의 문화를 장려하며, 그 과정에서 수많은 생명이 경시됩니다. 교회는 이러한 죽음의 문화를 넘어서야 하며, 생명을 최우선에 두는 문화를 만들어야 합니다. 십자가 문화는 나를 위해 죽으신 주님처럼, 나도 타인을 위해 죽기를 각오하는 삶의 태도입니다. 이러한 생명의 문화가 교회 안에서, 나아가 세상 속에서 드러나야 합니다.

① 나는 최근 누군가를 미워하거나 무시한 적이 있습니까? 그것이 마음의 '살인'이 될 수 있다는 사실을 생각해 본 적이 있습니까?
② 내가 속한 공동체(가정, 교회, 직장 등)에서 생명을 살리는 문화를 위해 내가 실천할 수 있는 한 가지는 무엇입니까?

십계명

간음하지 말라 (7계명)

소그룹 인도

사도신경 : 다같이 | **찬송** : 435장(통492) | **기도** : 회원 중 | **본문 말씀** : 출 20:14
| **헌금 찬송** : 285장(통209) | **헌금 기도** : 회원 중 | **주기도문** : 다같이

오늘날 우리는 무분별한 성적 자극과 타락한 성문화 속에서 살아가고 있습니다. 혼전 성관계, 불륜, 동거, 성매매, 성 정체성의 혼란까지, 모든 성(性)의 영역에서 하나님이 정하신 질서가 무너지고 있습니다. 그럼에도 분명히 해야 할 것은 하나님은 사랑과 정결, 언약 안의 성을 명하십니다. 그 중 7계명은 단순히 성적 행위를 통제하려는 율법이 아니라 하나님이 주신 아름다운 결혼과 가정, 그리고 거룩한 공동체를 보호하려는 은혜의 말씀입니다.

1. 하나님의 창조 질서 안에 있는 성(性)

하나님은 성(性)을 창조하셨고, 그것이 선하다고 선언하셨습니다. 창세기 1장 27-28절은 하나님께서 사람을 남자와 여자로 창조하시고, 생육하고 번성하라고 명령하셨습니다. 또 창세기 2장 24절에서는 '남자가 부모를 떠나 그의 아내와 합하여 둘이 한 몸을 이룰지로다'라고 하셨습니다. 이것은 결혼 안에서만 성관계가 허락되었으며, 결혼이 단지 육체적 결합이 아니라 언약과 사랑, 헌신이 전제된 관계임을 보여 줍니다. 하나님이 창조하신 결혼과 성은 하나님 나라의 통치를 반영하는 신비로운 제도이며, 공동체와 세상을 유지하고 확장해 가는 거룩한 수단입니다.

2. 간음은 하나님과의 언약을 깨뜨리는 죄

성경은 간음을 단순한 성적 탈선이 아니라 하나님과의 언약을 깨뜨리는 심각한 죄로 여깁니다. 레위기 20장, 잠언 5장 등은 간음이 개인의 죄를 넘어서 가정을 파괴하고, 공동체를 부패시키며, 하나님의 통치를 거스르는 죄라고 선언합니다.

특히, 성경은 간음을 배우자와의 신뢰를 깨뜨리는 행위일 뿐 아니라 거룩한 하나님의 성전인 몸을 더럽히는 것이라 경고합니다(고전 6:18-20). 예수님은 마태복음 5장에서 '음욕을 품고 여자를 보는 자마다 마음에 이미 간음하였느니라'고 말씀하시며, 간음의 범위를 행위가 아니라 생각과 시선, 동기까지 확장시키셨습니다. 이 말씀 앞에서 우리는 모두 죄인임을 인정하지 않을 수 없습니다.

간음의 유혹은 단지 육체적인 차원의 문제가 아닙니다. 생각에서 부터 시작되어 눈으로 보고, 귀로 듣고, 손으로 만지는 행위로 이어집니다. 그러기에 간음의 유혹 앞에서 이기기 위한 첫 번째 원칙은 '그 자리를 피하는 것'입니다.

요셉과 다윗의 예는 이 원칙을 극명하게 보여줍니다. 요셉은 보디발의 아내가 날마다 유혹했지만 단호하게 거절했고, 심지어는 옷을 버리고 도망쳤습니다. 그는 '내가 어찌 이 큰 악을 행하여 하나님께 죄를 지으리이까'(창 39:9)라며 죄 앞에서 도망함으로 유혹을 이겼습니다. 반면, 다윗은 전쟁터에 나가지 않고 왕궁에 머무르다가, 우연히 목욕하는 밧세바를 보고 음욕에 사로잡혀 간음과 살인까지 저지르게 되었습니다(삼하 11장). 요셉은 자리를 피했고, 다윗은 자리를 만들었습니다. 간음 앞에 무너지느냐, 이기느냐는 '그 자리에 계속 머물 것인가, 피할 것인가'의 선택에서 시작됩니다.

성경은 마귀를 대적하라고 가르치지만, 음행의 죄 앞에서는 '피하라'고 말씀합니다(고전 6:18). 또한 죄와의 영적 싸움을 요청합니다(히 12:4). 이는 단지 마음의 다짐으로는 부족하며, 현실의 행동과 결단으로 이어져야 한다는 뜻입니다.

현대 사회에서 간음의 유혹은 더 집요합니다. 스마트폰, 자유로운 인터넷 환경, 음란함을 일상화하는 콘텐츠들 속에서 크리스천은 더욱 깨어 있어야 합니다. 음란한 영상, 자극적인 SNS, 무분별한 관계를 끊는 결단과 혼자 있는 시간과 공간을 관리하는 지혜가 필요합니다. '보지 말아야 할 것을 보지 않고, 듣지 말아야 할 것을 듣지 않으며, 가지 말아야 할 곳에 가지 않는 것'이 오늘날 요셉처럼 사는 길입니다.

① 오늘날 문화와 사회 속에서 '간음하지 말라'는 계명을 지키는 데 어떤 어려움이 있습니까?

② 나의 눈과 마음을 정결하게 지키기 위해 실천할 수 있는 구체적인 결단은 무엇입니까?

십계명

도둑질하지 말라 (8계명)

소그룹 인도

사도신경 : 다같이 | 찬송 : 323장(통355) | 기도 : 회원 중 | 본문 말씀 : 출 20:15
| 헌금 찬송 : 429장(통489) | 헌금 기도 : 회원 중 | 주기도문 : 다같이

"도둑질하지 말라." 짧고 분명한 이 계명은 남의 물건을 훔치지 말라는 도덕적 교훈을 넘어서 하나님의 창조 질서와 은혜의 문화를 지키는 하나님의 명령입니다. 하나님은 세상을 창조하신 주권자이시며, 우리에게 삶과 재물을 맡기신 청지기의 주인이십니다. 그러므로 8계명은 우리가 하나님의 주권을 신뢰하고, 서로의 소유와 생명을 존중하며, 나눔과 정직으로 공동체를 세워가라는 하나님의 부르심입니다.

1. 탐욕이 만들어내는 합법적인 도둑들

오늘날 '도둑질'이라는 말은 단순히 남의 물건을 훔치는 것을 넘어

훨씬 더 복잡하고 교묘한 방식으로 나타납니다. 겉으로는 정당하고 합법적인 것처럼 보이지만 실제로는 타인의 정당한 권리나 재산을 빼앗는 자연스러운 도둑질이 발생하고 있습니다. 대표적인 예가 지적재산권의 침해입니다. 인터넷상에서 책이나 음악, 프로그램을 불법으로 다운받거나 공유하는 일은 흔하지만, 이는 분명히 창작자의 수고와 권리를 훔치는 도둑질입니다. 또한 타인의 아이디어나 콘텐츠를 표절하거나 인용 없이 사용하는 것 역시 같은 죄입니다. 뿐만 아니라, 오늘날 광고는 정직한 설명보다 포장된 이미지로 소비를 유도하여 소비자의 돈을 정당하지 않은 방식으로 취하는 '합법적 도둑질'이라 할 수 있습니다. 기업 차원에서도 공정하지 않은 경쟁, 과도한 특허 독점, 신규 진입 차단 같은 방식으로 자본을 이용해 시장을 잠식하고 다른 이들의 창조성과 기회를 박탈하기도 합니다. 근래에 유행하는 '월급 루팡'(직장 내에서 불성실한 태도를 가지고도 급여를 그대로 받아가는 행위)이라는 말도 시간과 자원의 도둑질입니다.

성경은 이러한 탐욕의 본질에 대해 경고합니다(딤전 6:10). 하나님을 신뢰하지 않고 탐욕으로 만족을 추구할 때, 사람은 눈에 보이지 않는 방식으로 이웃을 착취하고 손해를 끼치게 됩니다. 도둑질은 단순한 절도의 문제가 아니라 하나님의 창조 질서와 공동체적 정의를 파괴하는 죄입니다. 성도는 이러한 세상의 방식과 달리 정직함과 자족함, 창조적 수고를 통해 이웃을 살리는 방식으로 살아가야 합니다. 하나님은 정직한 손의 수고를 기뻐하시며, 도둑질이 아닌 수고와 나눔으로 세상을 아름답게 만들도록 우리를 부르셨습니다.

2. 하나님을 향한 도둑질 – 십일조와 헌금

말라기 3장 8절에서 하나님은 "너희가 나의 것을 도둑질했다"고 책망하십니다. 이는 십일조와 봉헌물을 하나님께 드리지 않은 것을 두고 하신 말씀입니다. 십일조는 내 재산의 일부를 드리는 것이 아니라 모든 것이 하나님의 것임을 고백하는 믿음의 표현이며 주권에 대한 순종의 행위입니다.

그러나 오늘날 많은 성도들이 헌금을 부담스러운 일로 여깁니다. 헌금 이야기를 꺼내기만 해도 시험에 든다고 말합니다. 하지만 세금이나 회비는 의무로 여기면서 하나님께 드리는 헌금은 마음대로 판단합니다. 이것은 단지 부담의 문제가 아니라 하나님을 향한 경외와 신뢰의 문제입니다. 하나님은 우리가 그분의 나라와 의를 먼저 구할 때 필요한 것을 채우시는 분입니다(마 6:33). 하나님은 우리가 기꺼이 드릴 때 우리의 필요를 아시고 넉넉히 채우십니다(빌 4:19).

성도의 헌신은 보상의 조건이 아니라 이미 받은 은혜에 대한 감사의 표현입니다. 우리는 자격이 없지만 은혜로 받은 자들이기에 마땅히 하나님께 돌려드리는 것이 옳습니다. 은혜는 값없이 주어진 것이며 십일조와 헌금은 그 은혜에 대한 자연스러운 응답이어야 합니다.

3. 그리스도인의 대안 – 창조성과 거저 받은 은혜를 거저 나누는 삶

세상은 자본의 논리로 복제하고 약탈하며 도둑질합니다. 그러나 하나님은 창조의 주이시며 우리도 그분의 창조성을 모방하며 살아가도록 부르심을 받았습니다. 교회는 '거저 받은 은혜를 거저 나누는 문화'를 세상에 증거해야 합니다. 은혜는 자격 없는 자에게 거저 주는 것이라는 사실을 기억하며, 우리는 은혜를 받은 자로서 받은 것을 나누며 살아야 합니다.

또한 성경은 단지 도둑질을 하지 말라고 할 뿐 아니라 "가난한 자에게 구제할 수 있도록 자기 손으로 수고하여 선한 일을 하라"(엡 4:28)고 명령합니다. 신자는 청지기입니다. 하나님의 은혜로 받은 재물을 자족함으로 누리며, 필요를 따라 이웃과 나누는 삶을 살아야 합니다. 잠언의 기도처럼(잠 30:7-9), 부하지도 가난하지도 않게 하시고, 하나님의 이름을 욕되게 하지 않는 삶을 구해야 합니다. 이것이 창조적 도둑질의 시대에 성도가 살아내야 할 복음적 대안입니다.

┃ 함께 나누는 은혜

① 나는 지금 어떤 형태의 '도둑질'(시간, 세금, 정직성, 복제 등)에 무감각해 있지는 않은가요?

② 하나님께서 맡기신 재물을 청지기로서 어떻게 사용하고 있습니까? 내가 실천할 수 있는 거저 받은 은혜를 거저 나누는 것은 무엇인가요?

십계명

네 이웃에게
거짓 증거하지 말라 (9계명)

소그룹 인도

사도신경 : 다같이 | 찬송 : 208장(통246) | 기도 : 회원 중 | 본문 말씀 : 출 20:16
| 헌금 찬송 : 218장(통369) | 헌금 기도 : 회원 중 | 주기도문 : 다같이

하나님은 진리의 하나님이십니다. 그분은 결코 거짓이 없으시며, 언제나 정직하시고 신실하십니다. 하나님이 허락하신 아홉 번째 계명은 단순히 '거짓말하지 말라'는 도덕적 권고를 넘어, '이웃에 대하여 거짓 증거하지 말라'는 공동체적 명령입니다. 이는 우리가 맺고 있는 모든 인간관계 속에서 진리를 지키고, 이웃을 세우라는 하나님의 뜻을 보여줍니다.

고대 이스라엘의 재판은 장로들이 성문 앞에서 증언에 의존하여 판결하던 구조였습니다. 증인의 말 한마디가 사람의 생사와 명예를 좌우했습니다. 하나님은 증인의 책임을 매우 무겁게 여기셨기에, 두세 증인을 요구하셨고, 거짓 증인은 자신이 의도한 결과를 그대로 당해야 했습니다. 오늘날 우리는 법정 위증뿐 아니라 소문, 댓글, 왜곡된 정보, 광고, 침묵 등을 통해 이웃에 대해 거짓을 증언하곤 합니다. 하나님의 백성은 이러한 문화에 저항하며 진리를 말하고, 침묵해야 할 때와 말해야 할 때를 분별하는 지혜를 가져야 합니다.

1. 거짓 증언의 본질 – '관계 파괴의 죄'

제9계명은 "이웃에 대하여" 거짓 증거하지 말라고 분명히 말합니다. 이 계명은 단순한 말실수나 과장이 아니라 이웃을 해치기 위한 의도적인 거짓을 경고합니다. 이는 하나님께서 기뻐하시는 공동체의 본질을 파괴하는 죄입니다.

말은 때로 칼보다 더 깊은 상처를 남깁니다. 중상모략, 험담, 허위 사실 유포는 공동체를 찢고, 누군가의 인생을 송두리째 흔들 수 있습니다. 신실함은 하나님 나라 백성의 성품이며, 거짓은 사단의 속성입니다(요 8:44). 그러므로 거짓된 말은 단순한 실수가 아닌 '마귀의 일'에 동참하는 것임을 기억해야 합니다.

또한 성경은 위증만이 아니라 '알고도 말하지 않는 것'도 죄라고 말했는데(레 5:1) 엘리야 시대 백성들은 여호와가 참 하나님이심을 알고도 침묵했습니다(왕상 18:21). 이는 책임 회피이자 비겁한 태도였습니다. 오늘날 우리는 진리를 아는 증인으로서, 복음과 이웃에 대해 진실을 말할 책임이 있습니다. 침묵은 중립이 아니라 방조일 수 있습니다.

예수님은 "나는 길이요 진리요 생명"이라 하셨습니다(요 14:6). 그분은 진리 자체이시며, 진리를 위해 이 땅에 오신 참된 증인이셨습니다(요 18:37). 그러므로 예수님을 따르는 성도는 진리의 사람으로 살아가야 합니다.

사도 바울은 "거짓을 버리고 각각 그 이웃과 더불어 참된 것을 말하라 이는 우리가 서로 지체가 됨이라"(엡 4:25)고 말합니다. 이는 단지 정직의 권고를 넘어 그리스도의 몸 된 공동체가 '진실'로 연결되어야 함을 의미합니다. 결국 진실되지 못함은 하나님의 형상을 훼손합니다. 정직은 우리 스스로 노력해서 얻는 도덕이 아니라 예수님의 진리를 입은 자에게 주어진 삶의 방식입니다. 성령께서 주시는 담대함과 절제를 통해 우리는 거짓과 위선이 난무하는 세상 속에서도 진실을 말하고 살아낼 수 있습니다.

3. 교회, 거짓 없는 증언의 공동체

교회는 정직을 훈련하는 장이며 공동체적 진실을 증언하는 곳입니다. 하나님께 드리는 예배는 단순한 의식이 아니라 신실하신 하나님께 바치는 충성의 서약입니다. "우리의 도움은 천지를 지으신 여호와의 이름에 있도다"(시 124:8)라는 선언은 하나님 앞에 진실하게 살겠다는 고백이자 맹세입니다. 그리스도인은 맹세를 남발하지 않고, 분명하고 신실한 삶을 살아가야 합니다. 신실함은 언어생활 속에서 가장 분명히 드러납니다.

오늘날 우리는 정보가 넘쳐나는 시대에 살고 있지만 그 정보가 모두 진실은 아닙니다. 왜곡된 말 한 마디, 확인되지 않은 소문, 무심코 던진 험담이 누군가의 인생을 무너뜨릴 수 있습니다. 인터넷상의 댓글 하나가 한 사람의 명예와 생명에 치명적인 상처를 줄 수 있듯, 성도의 말 한 마디에도 생명을 살리는 책임이 있습니다. 그러므로 성도는 말에 있어 더욱 조심해야 할 책임이 있습니다.

'듣는 것에 신중하라, 말하기 전에 기도하라, 판단 대신 사랑을 말하라'

진리를 말하는 것이 항상 쉬운 일은 아닙니다. 때로는 불이익을 감수해야 하고, 외로움을 견뎌야 할 수도 있습니다. 그러나 우리가 입술로 진리를 말하고, 정직한 태도로 이웃을 대할 때, 하나님께서는 그 정직함을 통해 공동체를 세우시고, 상처 입은 이웃의 마음을 다시 회복시키십니다. 세상은 여전히 거짓과 속임수를 당연하게 여깁니다. 그러나 교회는 진리의 기둥이자 터입니다(딤전 3:15). 우리가 교회 안에서 정직과 진실을 지켜낼 때, 세상은 그 모습을 통해 신실하신 하나님을 보게 될 것입니다.

▎함께 나누는 은혜
　① 내가 무심코 한 말이나 침묵으로 인해 누군가 상처받은 경험이 있다면 나눠보십시오.
　② 공동체 안에서 정직하고 진실한 언어를 실천하기 위해 우리가 할 수 있는 구체적인 방법은 무엇일까요?

십계명

네 이웃의 집을 탐내지 말라

(10계명)

— 소그룹 인도 —

사도신경 : 다같이 | 찬송 : 488장(통539) | 기도 : 회원 중 | 본문 말씀 : 출 20:17 | 헌금 찬송 : 430장(통456) | 헌금 기도 : 회원 중 | 주기도문 : 다같이

십계명의 마지막 계명은 눈에 보이는 행위가 아닌 사람의 마음 깊은 곳... 욕망의 자리를 향하고 있습니다. "탐내지 말라"는 물건을 갖고 싶어 하는 자연스러운 감정을 금하는 것이 아니라 이웃의 소유에 대해 내가 소유욕을 품고, 하나님이 주신 몫에 불만을 품는 마음에 대한 경고입니다. 이 계명은 모든 죄의 뿌리가 어디에서 시작되는지를 보여주는 거울과 같습니다. 겉으로 보기엔 죄 없는 삶을 사는 것처럼 보일지라도, 하나님은 우리의 속사람, 곧 은밀한 생각과 감정, 동기까지도 아시는 분입니다.

이 계명은 단순한 정죄가 아니라, 오히려 하나님의 은혜의 빛 아래로 우리의 내면을 초대하는 말씀입니다. 하나님은 우리를 억누르기

위해 이 계명을 주신 것이 아니라, 진정한 만족과 자유를 누리게 하시기 위해, 우리를 사랑으로 다루고 계십니다. 마지막 계명은 그래서 우리를 은혜 앞으로 이끌며 묻습니다. "너는 지금, 하나님이 너에게 주신 것으로 만족하고 있는가?" 그리고 다시 들려줍니다. "내가 너와 함께하니, 너는 이미 충분하단다."

1. 욕망의 본질 – 비교에서 시작되는 마음의 죄

'탐내다'의 히브리어 하마드(חָמַד)는 부러움을 넘어 마음속 깊은 곳에 자리를 잡고 이웃의 것을 갈망하는 강한 소유욕을 의미합니다. 탐욕은 대개 비교에서 시작됩니다. 그리고 비교는 곧 결핍감을 만들어 내고, 그 결핍은 불평과 시기, 나아가 하나님의 공급에 대한 불신으로 이어집니다.

성경은 탐욕이 단지 물질에 대한 욕망만이 아니라 하나님보다 더 사랑하는 마음, 곧 우상숭배와 같은 죄라고 경고합니다 (골 3:5). 하나님은 우리가 이웃의 삶을 바라보며 경쟁하거나 시기하기보다, 자신에게 허락된 분깃에 감사하며 사는 것이 참된 경건이라 말씀하십니다. 이 계명은 겉으로 드러나지 않는 마음의 죄를 다루는 계명으로, 우리 내면의 상태를 점검하게 하는 거룩한 거울입니다.

2. 자족의 태도 – 주어진 몫에 감사하는 믿음의 삶

하나님께서는 이 계명을 통해 '탐욕을 버리라'는 부정 명령을 넘어 '자족하며 살아가라'는 긍정의 삶으로 우리를 초대하십니다. 자족은 주어진 삶의 자리에서 감사하는 마음으로 살아가는 태도이며, 훈련을 통해 길러지는 신앙의 성숙입니다.

사도 바울은 말합니다. "나는 비천에 처할 줄도 알고 풍부에 처할 줄도 알아 모든 일 곧 배부름과 배고픔과 풍부와 궁핍에도 처할 줄 아는 일체의 비결을 배웠노라."(빌 4:12) 자족은 현실을 외면하거나 감정을 억누르는 것이 아닙니다. 그것은 하나님의 주권을 신뢰하며, 지금 내게 허락하신 분깃이 가장 선하다는 믿음 안에 사는 삶입니다. 자족하는 자는 더 이상 비교하지 않고, 더 많이 가지려 애쓰지 않으며, 하나님의 선하심을 누리는 자리에서 만족하며 삽니다. 또한 자족은 공동체를 살리는 힘입니다. 자족하는 성도는 이웃의 형통을 축복하며, 시기나 경쟁이 아닌 감사와 평화로 관계를 세워갑니다. 이처럼 자족은 탐욕을 멈추는 길이자, 하나님 나라의 삶의 방식입니다.

3. 은혜의 만족 - 그리스도 안에서 충만한 삶

탐욕을 끊어내고 자족할 수 있는 힘은 단순한 결단이나 자제력에서 나오지 않습니다. 참된 만족은 오직 예수 그리스도 안에서만 가능하며, 그분 안에서 우리는 더 이상 다른 것을 탐할 필요가 없다는 사실을 배워갑니다. 예수님은 하늘 영광을 비우시고 가난한 자로 오셨으며, 십자가에서 모든 것을 내어주심으로써 우리에게 하늘의 유업을 주셨습니다. 그분은 말씀하십니다. "내가 주는 물을 마시는 자는 영원히 목마르지 아니하리니."(요 4:14)

그리스도 안에 있는 자는 이미 모든 것을 가진 자입니다. 그분의 사랑은 우리를 존재 자체로 충분하게 하며, 더 많은 것을 통해 만족을 증명하려는 불안에서 우리를 자유케 합니다. 이 만족은 상황에 따라 흔들리지 않습니다. 환경이 어렵고, 삶이 고단해도 "내 은혜가 네게 족하다"(고후 12:9)는 주님의 음성이 우리의 중심을 붙듭니다. 자족은 훈련의 열매이지만, 만족은 은혜의 선물입니다. 하나님의 은혜를 진실로 아는 사람은 결국 고백하게 됩니다. "주님이면 충분합니다."

▎함께 나누는 은혜

① 나는 다른 사람과 나를 비교하면서 마음속에 시기나 탐욕이 생긴 적이 있었나요?

② 하나님께서 내게 주신 것을 감사하며 만족하는 신앙의 태도를 유지하기 위해 나는 무엇을 훈련해야 할까요?

Christian Basic

팔복

고백자의 가치

팔복

팔복(八福)의 문을 열며...

소그룹 인도

사도신경 : 다같이 | **찬송** : 325장(통359) | **기도** : 회원 중 | **본문 말씀** : 마 5:1-2
| **헌금 찬송** : 304장(통404) | **헌금 기도** : 회원 중 | **주기도문** : 다같이

영국의 신학자 존 스토트(John Stott)는 산상수훈의 핵심을 설명하면서 마태복음 6장 8절을 언급하였습니다. "그러므로 그들을 본받지 말라 구하기 전에 너희에게 있어야 할 것을 하나님 너희 아버지께서 아시느니라"(마 6:8) 그는 8절 중에서 '그들을 본받지 말라'라는 말씀에 핵심이 있다고 보았습니다. 다시 말해 산상수훈이 가리키는 여덟 가지 복은 곧, '세상을 본받지 않고, 하나님의 아들을 본받는 자에게 주어지는 것'이라고 이해할 수 있습니다. 하늘에 속하려는 사람만이 산상수훈을 통해 기쁨과 즐거움을 경험할 것이며, 하나님께서 주시는 복의 참된 의미와 가치를 깨달을 수 있습니다.

1. 필요를 넘어, 제자로 세워져야 합니다.

예수님께서는 무리를 보시고 산에 오르셨습니다(1절). 이들은 여러 지역에서 가르침과 병 고침을 행하신 예수님께 매료되었던 사람들입니다. 예수님의 가르침은 무리들이 평소에 듣고 배웠던 것들과는 많은 차이를 보였습니다. 게다가 세상이 포기한 사람들을 예수님이 고쳐주셔서 사회의 일원으로 복귀시키셨습니다. 점점 많은 사람들이 예수님께 관심을 가졌고, 예수님이 자신들의 필요를 채워주실 것이라 희망을 갖게 되었습니다. 물론, 예수님은 인간의 필요와 결핍에 응답하시는 분입니다. 하지만 그것만을 위해 이 땅에 오신 것은 아닙니다. 예수님은 하나님께서 계획하신 일을 이루려고 육신을 입고 이 땅에 오셨습니다. 특히, 하나님을 사랑하고, 예수님의 가르침에 순종하며, 말씀대로 살아갈 제자를 세우는 사역을 중요한 일로 여기셨습니다.

2. 무리와 제자는 다릅니다.

무리와 제자는 모두 예수님께 배우고 은혜받았던 경험을 공유하고 있지만 이 둘은 근본적으로 지향하는 바가 다릅니다. 무리는 '땅의 복'에 집중되어 자신들의 결핍이 예수님을 통해 채워질 수 있느냐에 집중하는 영혼이라면, 제자는 '하늘의 복'을 추구하여 그리스도 예수를 쫓는 존재들입니다. 예수님은 우리가 무리로 남아있는 것을 기뻐하시지 않으시고, 가르침을 통해 '참 제자'가 되기를 기대하십니다(2절). 그렇다면 여러분은 땅의 복을 추구하는 '무리'이십니까? 하늘의 복을 사모하는 '제자'이십니까?

예수님은 '땅의 복'을 추구했던 무리를 향해 제자의 삶을 가르치기 시작하십니다. 예수님의 기대가 고스란히 담긴 가르침을 '산상수훈' 또는 '팔복'이라고 부르는데, 이 가르침에 진지하게 다가가다 보면 어느 것 하나 쉽게 접근할 수 없는 말씀이라는 것을 깨닫게 됩니다. 그 이유는 예수님의 가르침과 우리가 세상에서 배운 논리(삶의 양식)가 정면으로 대치하고 있기 때문일 것입니다.

예수님의 가르침은 우리의 인생이 그저 '땅의 복'에 매이지 않도록 하십니다. 또한 그 가르침은 우리로 하여금 세속문화와 종교문화에 직면하게 하시고, 그 가운데서 신앙의 새로운 가치를 발견하게 하십니다. 그래서 어떤 이는 산상수훈(팔복)을 "기독교적 대항문화를 가장 완전하게 묘사한 본문"이라고 말하기도 합니다. 예수님의 가르침은 우리가 어디에 속해 있든, 그곳을 넘어 하나님 나라의 복으로 참여하게 하십니다. 주님은 '고행'이나 '금욕'에 대해서 가르치는 것이 아니라, 복(福)에 대해서 말씀하십니다. 여덟 가지 복은 예수님으로 인해 복의 기준이 바뀐 자들에게 임하는 것입니다. 곧, 산상수훈은 영혼의 생명을 갈망하던 사람들에게 들려 주시는 하늘의 음성과 같습니다.

오늘 예수님은 우리를 온전한 성도의 길로 초대하십니다. 앞으로 이어질 8주 간의 산상수훈 이야기를 통해 하늘의 복을 마음껏 누리기를 소망합니다.

┃함께 나누는 은혜

① 지금 우리의 모습은 '무리'와 '제자' 어디에 더 가까우신가요?

② 우리가 기대하는 '복'과 예수님이 주시는 '복'은 어떻게 다를까요?

③ 예수님이 주시는 복을 누리려면, 우리에게 무엇이 필요할까요?

팔복

돈으로도 못 가요. 하나님 나라

소그룹 인도

사도신경 : 다같이 | **찬송** : 337장(통363) | **기도** : 회원 중 | **본문 말씀** : 마 5:3 | **헌금 찬송** : 338장(통364) | **헌금 기도** : 회원 중 | **주기도문** : 다같이

가난과 결핍은 그 자체로 좋은 것이 될 수 없습니다. 그것은 인간을 병들게 하고, 쉼을 얻지 못하게 하며, 굳어진 마음으로 타인을 대하게 만듭니다. 하지만 가난을 경험하지 못하면, 누군가의 도움이 절실한 순간을 경험하지 못하면, 우리는 스스로를 '혼자서도' 잘 살아갈 수 있는 존재라고 착각하기 쉽습니다. 이러한 착각은 때때로 타인에 대한 무례함과 하나님 앞에서의 교만함으로 이어지고는 합니다. '나 홀로 잘 살 수 있다'라는 생각은 자신을 성찰할 수 있는 기회를 원천적으로 차단하는 것입니다.

1. 돈으로도 못 가요. '하나님 나라'

가난이 주는 유익이 있을까요? 가난이 주는 유익이 분명 존재합니다. 가난은 우리를 벌거벗은 자로, 눈먼 자로, 병든 자로, 도움이 필요한 자로 만듭니다. 그래서 가난은 우리에게 '도움 구하는 법'을 배우게 합니다. 급기야 아무에게도 도움을 구할 수 없는 절망적인 상황이라면 가난은 하나님께 긍휼을 구하는 법을 가르쳐줍니다. 결국 가난해지고, 갈급해진 심령은 이 땅에서 자신에게 도움 줄 만한 사람이 없음을 깨닫고 소망을 잃게 됩니다. 그 후 반복되는 결핍 속에서 하나님만이 주실 수 있는 평강과 구원을 바라보게 됩니다.

이쯤 되면 우리는 예수님께서 가르치시는 첫 번째 복의 내용을 어렴풋이 이해할 수 있습니다. 갈급해진 심령에게 복이 있는데 그에게는 천국 곧 하나님 나라를 향한 사모함이 충만하게 임합니다. 그리고 주님께서는 그러한 가난한 자에게 아버지 나라가 임하는 것을 즐거워하십니다. 돈으로도 못 가는 하나님 나라를 사모함과 은혜로 들어갈 수 있는 것입니다.

2. 어울리지 않는 자에게 '하나님 나라'를 주십니다.

미국의 신학자 조나단 페닝턴(Jonathan T. Pennington)은 "예수님 당시 사회에서 '심령이 가난한 사람'은 절대로 '하나님 나라'를 소유할 수 없는, 사회의 낮은 곳에 자리하는 자들로 여겨졌습니다. 그리고 예수께서는 '심령이 가난한 자'들이 빼앗긴 하나님 나라를, 다시 그들에게 돌려 주셨다"고 말합니다. 다시 말해 결코 하나님 나라에 속한 것처럼 보이지 않는 이들에게 하나님 나라를 허락하신다는 복음이 예수님의 입술을 통해 산 위에서 선포된 것입니다.

일반적으로 빈곤, 애통, 굶주림, 박해로 고통 받는 자들은 '복 없는 자'라고 생각합니다. 그런 와중에 예수님이 가르쳐주시는 팔복은 '복 있는 자'가 될 수 있는 좋은 기회입니다. 그럼에도 팔복에 대한 예수님의 가르침이 오늘 우리에게 어색하게 다가오는 까닭은 나도 모르게 여전히 '하나님 나라'와 어울리지 않는 사람들이 존재한다고 생각하기 때문입니다. 하나님 나라와 어울리는 사람은 어떤 사람입니까? 거리에서 손을 들고 기도하는 사람이나, 구제와 헌금에 특별한 열심을 내는 사람이 하나님 나라와 어울릴까요? 예수님은 세상적 관점을 무시하시고 오히려 '땅의 복'과 무관한 사람들에게, 갈급한 심령의 소유자에게 하나님 나라의 문을 기꺼이 여셨습니다.

3. '하나님 나라' 기억하기

혹시나 우리가 과거 가난한 중에 경험했던 하나님 나라를 부요한 오늘에 더 이상 경험하지 못하고 있는 것은 아닌지 돌아보아야 합니다. 값으로 매길 수 없을 만큼 귀한 하나님 나라가 어느덧 가치 없거나 쓸모없는 것처럼 여겨지고 있는 것은 아닌지 혹은 하나님 나라에 관심조차 가지고 있지 않은지 스스로의 심령을 살펴 봐야 합니다. '값 없이 주어진 것'을 '가치 없는 것'으로 혼동한다면 보물은 가치를 알아볼 수 있는 가난한 자에게 다시 주어지게 될 것입니다. 심령이 가난한 자에게 주어지는 하나님 나라의 복은 전적으로 삼위 하나님의 은총에 의지하는 자에게 주시는 하늘의 선물입니다. 그러므로 누구든지 목마르거든 예수께로 와서 생수를 얻으십시오. 그 배에서 생수의 강이 흘러나올 것입니다(요7:37-38). 곳간을 채우는 것으로 결핍을 메울 수 있다고 착각하고 있다면(눅12:16-19) 예수께로 와서 가난한 심령에 대해서 배우십시오. 하나님 나라 주시기를 아끼지 않으실 것입니다.

▌함께 나누는 은혜

① 결핍 중에서 하나님의 은혜를 경험하신 기억이 있나요?

② 자신이 하나님 나라에 어울리는 사람이라고 생각하시나요? 그 이유도 알려주세요.

③ '하나님 나라'를 분명히 기억하고, 누리고 계신가요? 혹, 그것을 방해하는 것이 있다면 무엇이 있을까요?

팔복

눈물 없이 받을 수 없는 복

소그룹 인도

사도신경 : 다같이 | 찬송 : 488장(통539) | 기도 : 회원 중 | 본문 말씀 : 마 5:4
| 헌금 찬송 : 539장(통483) | 헌금 기도 : 회원 중 | 주기도문 : 다같이

예수님께서 예루살렘 성에 입성하시는 현장에서는 상반된 모습이 보여집니다. 하나는 예수님의 입성을 바라보며 손뼉치고 기뻐하며 하나님을 찬송하는 사람들이었습니다. 또다른 하나는 예루살렘 성을 바라보시고 "너도 오늘 평화에 관한 일을 알았더라면…"(눅19:42)이라고 안타까워하시며 눈물 흘리시는 예수님이셨습니다. 예루살렘 입성 가운데 예수님께서 애통해하시는 이유는 당시 백성들이 옳지 못한 것, 잘못된 것으로 인하여 즐거워하고 있기 때문입니다. 예수님 보시기에 사람들은 웃어야 할 때와 울어야 할 때를 올바로 분간하지 못하고 있습니다. 그들이 예수님의 마음을 조금이라도 헤아릴 수 있었다면 그들의 얼굴에는 기쁨이 아니라 슬픔이 가득했을 것입니다. 분별없는

기쁨보다 시의적절한 슬픔이 우리 인생에 훨씬 의미가 있습니다.

1. 예수님의 눈물을 주목해야 합니다.

"그들이 주의 법을 지키지 아니하므로 내 눈물이 시냇물같이 흐르나이다"(시119:136) 김남준 목사는 '그리스도인이 된다는 것은 예수님의 통곡과 그 분의 눈물이 어떤 의미를 가지고 있는지 헤아릴 줄 아는 사람이되는 것'이라고 했습니다. 하나님의 마음과 뜻을 헤아릴 수 있는 사람은 하나님을 반역하고 있는 오늘 우리의 안타까운 현실 때문에 눈물 마를 날이 없습니다. 또한 하나님의 선하심과 자비하심에 비해 우리 삶이 너무나 초라해서 눈물이 흐릅니다. 게다가 지속적인 은혜가 없이는 도저히 희망이 없음을 깨달아서 무한한 은혜를 주시는 하나님께 감사의 눈물이 흐릅니다. 그리고 그 은혜를 무한히 주시는 하나님으로 인해 감사의 눈물이 흐릅니다. 하나님 앞에서의 눈물은 오늘 우리의 위치를 분명히 깨달은 데서 비롯합니다.

2. 사랑에는 마땅히 애통함이 따릅니다.

'사랑'이라는 단어에는 눈물과 슬픔이 포함되어 있습니다. 한 예로 자녀에게 '아버지, 어머니'라는 호칭의 무게가 늘 무거운 까닭은 다 갚을 수 없는 부모의 사랑이기 때문입니다. 우리가 부모-자녀 간의 깊은 사랑에서 눈물과 슬픔을 빼놓을 수 없듯, 하나님-우리 간의 관계에서도 눈물과 슬픔은 빼놓을 수 없는 요소입니다. 어리석은 우리 삶을 끊임없이 품으시고, 일으키시고, 교훈하시는 하나님의 사랑 때문에 하나님 자녀들의 마음 한 켠에는 늘 애통함이 자리하고 있습니다.

만약 우리가 '그리스도인'을 자처하면서 애통함과 눈물을 찾아볼 수 없다면 진지하게 하나님과의 관계를 돌아볼 수 있어야 합니다. 혹시 우리는 "믿음을 대가로 마땅히 구원 받아야 한다"는 거래적 관점으로 하나님을 대하고 있지 않습니까? 우리를 향한 사랑 때문에 독생자를 보내신 하나님 앞에서 우리의 믿음, 연륜, 직분이라는 공로를 앞세우고 있는 것은 아닙니까? 그것이 우리를 향한 하나님의 사랑과 맞먹을 정도의 가치가 있다고 자부하고 있지 않습니까? 하나님 앞에서 우리 마음과 생각을 깊이 성찰해 봅시다.

3. 애통해 하는 자에게 복이 있습니다.

삶에 아쉬움 하나 없는 사람은 시골 출신 젊은 랍비(예수님)를 따라 산 위까지 오를 리 없습니다. 오히려 아쉬움이 너무 많은 사람, 인생에서 즐거움과 기쁨, 만족을 찾아볼 수 없는 사람이 산 위까지 올랐을 확률이 높습니다.

"애통하는 자는 복이 있나니 그들이 위로를 받을 것임이요"(마5:4). 오늘 예수님을 따라 이 산 위까지 오른 사람들, 인생의 아픔과 연약함과 죄를 잔뜩 짊어지고 눈물이 그렁그렁 한 채로 예수님 앞에 서 있는 사람들, 애통해 하는 그들에게 예수님은 복을 선언 하십니다. 인생이 주는 온갖 슬픔과 아픔의 짐을 짊어진 채, 후들거리는 두 다리로 간신히 하나님의 아들 앞에 서 있는 자에게 복이 있습니다. 어떻게요? 눈앞에 계신 하나님께서 그를 위로하실 것이기 때문입니다. 그 누구도 외면당하지 않을 것입니다. 어느 누구의 슬픔도, 눈물도 하나님

께서 모른 척하지 않으실 것입니다. 반드시 그의 인생에 하늘의 위로
로 응답하실 것입니다.

▌함께 나누는 은혜

① 예수님의 눈물을 주목하면서, 지금 속한 교회가 '기뻐해야 할 때'인
지 '애통해야 할 때'인지 분별해 봅시다.

② 하나님의 사랑 때문에 깊이 애통해 하신 기억이 있으신가요? 나눠주
세요.

③ 하나님의 위로를 신뢰하십니까? 지금 가지고 있는 슬픔이 어떤 종류
의 것이든 하나님께서 위로하실 것임을 믿으십니까? 적어보시고 기
도의 자리로 나아가 보세요.

팔복

"온유한 자가 받을 기업"

─ 소그룹 인도 ─

사도신경 : 다같이 | **찬송** : 200장(통235) | **기도** : 회원 중 | **본문 말씀** : 마 5:5
| **헌금 찬송** : 491장(통543) | **헌금 기도** : 회원 중 | **주기도문** : 다같이

마틴 로이드 존스(David Martyn Lloyd-Jones)는 "여덟 가지 복이 서로 깊이 연관되어 있고, 각 복은 다음의 복을 암시하면서 연결된다. 또한 여덟 가지 복은 진행됨에 따라 점점 어려워진다는 특성을 지닌다"고 말합니다. 우리는 지금 로이드 존스의 견해를 충분히 느낄 수 있는 대목에 다다랐습니다.

우리가 사는 세상은 온유함과 겸손함의 미덕이 비웃음거리가 되는 질서 위에 세워졌습니다. 현대사회가 요구하는 미덕은 생존, 경쟁과 투쟁에 필요한 마음이지 온유와 겸손 따위가 아닙니다. "온유한 자는 복이 있나니 그들이 땅을 기업으로 받을 것임이요"(마5:5) 말씀하시는 예수님의 가르침은 발붙일 땅 한 칸 제대로 없는 현대인에게 너무도 무기력한 것처럼 보이는 것입니다.

1. 온유함은 무력함이 아닙니다.

본문에서 사용되는 헬라어 '프라우스(πραΰς)'는 '온유한, 겸손한, 사려 깊은' 등의 의미를 가집니다. 온유하다는 것은 일종의 무기력함 또는 유약함을 의미하지 않습니다. 오히려 힘 있는 자가 그 힘을 절제할 때 또는 바르게 사용할 때 쓰는 표현이 온유함입니다. 예수께서는 자신을 "온유하고 겸손한" 분으로 소개하셨지만, 낙심하고 지친 많은 사람들이 다가가 쉴 수 있을 만큼의 큰 능력과 권세가 있었습니다. 예수께서 힘이 없어서 제자들의 발을 씻어 주셨다고 생각하거나, 무력해서 십자가에 매달리셨다고 생각하는 사람은 없습니다. 전능자께서 비루한 육체를 입고 이 땅에 오신 순간부터 십자가에 죽으사 승천하실 때까지 그 분께서 보여주신 모습은 온유와 겸손 그 자체였습니다.

2. 온유한 자에게 복이 있습니다.

온유함은 타고나는 것이 아니라 성령의 열매입니다(갈 5:23). 다시 말해 온유함은 자기중심적이고 폭력적인 우리 내면에 성령님께서 내주하셔서 조금씩 빚어 가시는 영적 결실이 바로 온유함입니다. 내면에 성령께서 내주·충만한 사람이 과연 세상의 물질과 명예를 얻기 위해 상대를 짓누르고 폭력을 행사하는 삶을 살아갈 수 있을까요? 세상이 온유함과 겸손함을 포기하는 까닭은 성령 하나님이 주시는 만족과 가치를 경험하지 못했기 때문입니다. 세상은 끊임없이 세상의 것들로 공허한 내면을 충족시키라 말합니다. 하지만 안타까운 점은 세상이 주는 것은 우리의 빈 공간을 결코 충족시킬 수 없다는 것입니다. 그 자리는 물질의 자리가 아니라 성령 하나님의 자리입니다. 그래서 참으로 온유한 자에게 복이 있습니다.

3. 반드시 땅이 주어질 것입니다.

땅은 우리에게 거주지뿐만 아니라 생계의 터전이 되기에 어느 시대나 중요한 가치로 여겨졌습니다. 그래서 땅은 언제나 힘 있고 능력 있는 자들의 전유물처럼 느껴지기도 합니다. 특별히 오늘의 한국 사회가 부동산 문제에 골머리를 앓고 있는 광경을 지켜보면서 과연 땅이 온유하고 겸손한 자에게 기업으로 돌아갈 수 있을지 의심스러운 것입니다. 그럼에도 우리는 땅과 나라를 약속하신 예수님을 기억할 수 있어야 합니다. 구약의 이스라엘 이야기는 하나님께서 보잘것없는 민족을 택하사 온유와 겸손으로 무장시키시면서, '약속의 땅'을 허락하시는 이야기입니다. 신약의 예수님의 사역은 이미 도래한 하나님의 나라, 그 땅에 소외된 자들을 초대하시는 이야기입니다. 더불어 예수님께서는 당신을 신뢰하는 모든 성도들이 머물 수 있는 더 좋은 처소를 마련하러 가셨습니다(요14:1-2). 하나님은 오늘 저와 여러분을 온유와 겸손으로 무장시켜 더 좋은 땅, 더 좋은 나라로 초대하고 계신 것입니다. 옥토(沃土)를 내주고 맹지(盲地)를 취할 수는 없는 법입니다. 온유와 겸손의 삶으로 하늘의 기쁨으로 참여하는 모두가 되기를 소망합니다.

① 성경에서 '온유' '겸손'하면 생각나는 이야기가 있으신가요?

② 우리는 어떻게 삶에서 '온유함'을 결실할 수 있을까요? 노력할 수 있는 게 있다면?

③ 어떤 땅을 추구하며 살아 가십니까? 그것이 '예수의 사람'이 추구할 만한 기업이 맞는지 생각해 봅시다.(요한복음 14:1-2를 묵상)

팔복

"같이 먹어야 배부르다"

소그룹 인도

사도신경 : 다같이 | **찬송** : 496장(통260) | **기도** : 회원 중 | **본문 말씀** : 마 5:6
| **헌금 찬송** : 559장(통305) | **헌금 기도** : 회원 중 | **주기도문** : 다같이

마태복음 20장에 나오는 포도원 품꾼 이야기의 포도원 주인은 장터에 나가 다섯 차례(오전 6시와 9시, 정오, 그리고 오후 3시와 5시)나 품꾼을 고용합니다. 일과가 마무리되는 시점에서 포도원 주인은 모든 일꾼에게 동일한 임금 한 데나리온씩 나눠 줍니다. 당시 한 데나리온은 당시 노동자가 하루에 벌 수 있는 임금이었고, 가족을 충분히 먹일 수 있는 금액이기도 했습니다. 이 이야기는 '공의, 정의'에 대한 우리의 생각과 하나님의 생각이 같지 않음을 잘 나타내 주는 이야기입니다. 이 이야기를 유념하면서 오늘의 말씀을 나누면 좋겠습니다.

1. '자기 의'와 '하나님의 의'

본문에는 "의에 주리고 목 마른 자"라는 표현이 등장하는데, 헬라어 '디카이오시네(δικαιοσύνη)'가 '의로움, 의'로 번역되었습니다. 여기서 주의해야 할 점은 '의로움'의 기준이 결코 '자기 자신'이 아니라는 점입니다. 흔히 "의에 주리고 목 마른 자"라고 하면 자기 의가 확실하고, 자기 의에서 조금이라도 어긋나는 상황에 분개하는 사람을 떠올립니다. 하지만 그런 '의'는 복음이 경계하는 것입니다.

앞선 마태복음 20장의 포도원 품꾼 이야기에서 일찍부터 포도원에서 일한 품꾼들이 당황함을 느끼는 이유는 포도원 주인이(하나님)이 '의롭지 않다'고 느껴지기 때문입니다. 그들이 생각하기에 의로운 결정은 '개인이 노력한 만큼 결실을 얻는 것'입니다. 하지만 포도원 주인이 생각하는 의로운 결정은 '일자리를 구하지 못한 가장을 구제하여 그 가정을 넉넉히 먹이는 것'에 있습니다. 정리하면 "의에 주리고 목마른 자"는 자기 의에 목마른 자가 아니라 비유 속 포도원 주인처럼 주리고 목마른 자에게 어떻게 해서든 자비와 선의를 베풀고자 하는 모습에 가깝습니다.

2. 정의가 배고픔을 해결할 수 있을까?

지금 예수님을 쫓아서 산 중턱까지 올라온 사람들은 '의로움'과 '굶주림'의 관계를 누구보다 구체적으로, 생생하게 경험하고 있는 사람들입니다. 지금 그들이 굶주리고 목마른 이유는 무엇입니까? 누군가의 '불의함' 때문입니다. 밑동에 구멍이 뚫린 자기 욕망과 불의한 결정 때문에 가난하고 힘없는 이들이 굶주리고 목말라 하는 것입니다. 많이 가졌기에 만족하는 것이 아니라 많이 가졌지만 더 가지려는 사람들의 욕심이 최소한의 것도 누리지 못하는 굶주린 이들을 만들어 냅니다. 현재 세계 농업은 약 120억 명을 먹여 살릴 수 있는 양의 식량을 생산하고 있습니다. 한편, 전 세계 인구는 80억 명인데 여전히 10억 명에 가까운 이들이 굶주림으로 질병과 죽음의 위협에 고통 받고 있습니다. 예수님의 때나 지금이나 '의로움'과 '굶주림'은 결코 별개의 문제가 아닙니다.

3. 그들이 배부를 것임이요

예수님의 사람들이 예수께서 가르치신 의로움(하나님의 의)를 추구하며 살아간다면 분명 저녁 늦게 포도원에 들어온 품꾼과 그의 가족들도 궁핍을 면할 수 있을 것입니다. 그렇다고 아침 일찍 일을 시작한 품꾼과 그의 가족이 배를 곯을 것이라고 염려하지 마십시오. 분명 그들에게도 주인은 합당한 대가를 지불했기 때문입니다.

예수님께서 "그들이 배부를 것임이요"라고 말씀하실 때 '그들'은 비단 수혜를 받는 이들만을 지칭하는 것이 아닙니다. 예수의 사람들은 하나님의 의를 본받는 자들로 수혜를 제공함으로 함께 배부를 수 있다는 지혜를 얻은 자들입니다. 누군가를 배부르게 하는 일은 결국 우리 자신에게도 포만감을 제공합니다. 자기 배만 채우는 인생은 내면의 공허함을 결코 충족시킬 수 없습니다. 보리떡 다섯 개와 물고기두 마리는 어린 아이의 한 끼 도시락에 그칠 수도 있지만 오천 명이먹고도 열 두 광주리가 남는 기적의 재료가 될 수도 있습니다. 베풀

고 나눔으로써 넘치는 포만감을 경험하는 그리스도인의 삶이 되기를
기대하고 소망합니다.

① 포도원 품꾼 이야기를 더 깊이 묵상해 봅시다. 내가 생각하는 '의로
움'과 하나님이 생각하시는 '의로움'이 얼마나 차이가 나는지, 경험
이 있다면 나누어 주세요.

② 아무리 많이 먹어도 채워지지 않는 결핍을 경험해 보신 적이 있으십
니까?

③ 어떻게 하면 같이 배부를 수 있을까요? 실제로 할 수 있는 것이 있을
까요?

팔복

"긍휼이 필요한 사람"

― 소그룹 인도 ―

사도신경 : 다같이 | **찬송** : 310장(통410) | **기도** : 회원 중 | **본문 말씀** : 마 5:7
| **헌금 찬송** : 539장(통483) | **헌금 기도** : 회원 중 | **주기도문** : 다같이

지금 예수님 앞에 있는 대부분의 사람은 사실 긍휼이 필요한 대상이지 긍휼을 베풀만한 사람들이 아닙니다. 가난하고 소외되고 병든 사람들이기에 불러 주는 이가 없어서 예수님을 좇아 이 산 중턱까지 오른 것입니다. 그런 그들에게 예수님께서는 "긍휼히 여기는 자는 복이 있다"고 말씀하십니다. 누구보다 도움이 필요한 사람들에게 '가서 도움을 베풀라'고 말하는 것은 부조리한 것처럼 느껴지기도 합니다. 하지만 지금 예수님께서 말씀하시는 '긍휼'은 누군가가 불쌍하고 딱해서 적선을 베푸는 행동을 의미하는 것이 아닙니다. 본문에서 예수님이 말씀하시는 긍휼은 '사랑'과 깊이 관련되어 있습니다.

1. 물질보다 더 큰 책임 : 긍휼

'긍휼히 여긴다'는 것은 누군가에게 돈 몇 푼 쥐어주거나, 필요한 물건 몇 개를 건네는 것을 말하지 않습니다. 긍휼의 뿌리는 사랑에 있기 때문에 오히려 돈 한 푼 없어도, 나눌 수 있는 물질이 없어도 얼마든지 베풀 수 있는 종류의 것입니다. 필요한 것을 건넬 수 있는 사랑도 좋겠지만, 그럴 여유가 없다고 해서 사랑조차 하지 못하는 것은 아닙니다. 긍휼히 여기는 마음을 물질이 다 담아내지 못합니다. 그리스도인은 꼭 물질이 아니어도 예수님의 '십자가 사랑' 때문에 표현할 수 있는 사랑을 이미 경험한 사람들입니다.

예수님은 제자들에게 물질을 건네면서 사랑을 말씀하시지 않았습니다. 우리를 대신하여 자기 자신을 내어주신 십자가를 통해 예수님의 사랑을 분명하게 드러났습니다(롬5:8). 따라서 예수께 사랑을 배운 성도들은 얼마든지 긍휼을 베풀 수 있습니다. 이웃에게 귀를 기울이고, 손을 건네며, 위로와 용기가 되어줄 수 있습니다. 긍휼은 눈에 물질보다 더 깊은 내면에서 비롯되는 행위입니다. 대가를 치루고, 단숨에 해결해 버리는 것이 아닌 이웃을 위해 더 큰 책임을 지는 것이 바로 긍휼입니다.

2. 당연하고도 기쁜 삶의 방식 : 긍휼

마태복음 18장에서 예수님은 하나님 나라의 질서를 가르치시기 위해 '만 달란트 빚진 자' 이야기를 말씀하셨습니다. 임금에게 만 달란트 탕감 받은 사람이 자신에게 백 데나리온 빚진 동료를 감옥에 가

두었다가 심판 받는 이야기지요. 백 데나리온은 100일 치 임금에 해당하고, 1달란트는 6,000데나리온이기 때문에 만 달란트는 6,000만 데나리온이라는 계산이 나옵니다. 헤아릴 수도 없는 천문학적인 금액입니다. 이 이야기의 핵심은 하나님의 사람들이 이미 '만 달란트 탕감받은 사람'이라는 것을 가르치는데 있습니다. 만 달란트를 탕감받아 놓고 백 데나리온의 긍휼을 베풀지 못하는 것은 잘못된 태도라는 것입니다. 사실 만 달란트가 얼마일까 계산하는 것은 큰 의미가 없습니다. 왜냐하면 우리는 값으로 매길 수 없는 예수님의 긍휼하심을 보혈을 받았기 때문입니다. 그러기에 그리스도의 공로로 하나님의 사람이 된 성도에게 긍휼은 너무도 당연하고, 기쁜 삶의 방식이 될 수밖에 없습니다. 참으로 "긍휼이 여기는 자에게 복이 있나니 그들이 긍휼히 여김을 받을 것"입니다.

3. 우리는 모두 긍휼이 필요한 사람

'불통의 시대'를 살아가면서 가장 안타까운 것은 이웃을 긍휼히 여김으로 얻는 복을 잃어가고 있다는 점입니다. 솔직하게 우리 모두는 누군가의 긍휼이 필요한 인생들이입니다. 당장은 가진 재산과 건강을 자신하며 떵떵거려도 누군가의 긍휼이 필요한 순간은 금방 찾아올 것입니다. 잘 생각해 보면 남녀노소를 불문하고 이웃의 긍휼과 하나님의 긍휼이 필요하지 않은 사람은 아무도 없습니다. 그러기에 하루라도 빨리 자신이 누군가에게 긍휼이 필요한 존재임을 깨닫고, 가능한 대로 많이 긍휼을 베풀며 사는 삶을 통해 긍휼의 은혜가 순환되길 바랍니다. "귀를 막고 가난한 자가 부르짖는 소리를 듣지 아니하면 자기

가 부르짖을 때에도 들을 자가 없으리라"(잠21:13)

▎함께 나누는 은혜

① 하나님 또는 누군가의 긍휼로 인해 변화되거나 회복된 경험이 있으신가요?

② 이미 지나버린, 긍휼히 여겼어야 했지만 그러지 못했던 때가 있으면 나눠 주세요.

③ 지금 긍휼을 어떤 방식으로 실천하고 계신가요? 실천할 수 있는 방법에는 뭐가 있을까요?

팔복

"주님을 보게 하소서"

소그룹 인도

사도신경 : 다같이 | 찬송 : 325장(통359) | 기도 : 회원 중 | 본문 말씀 : 마 5:8
| 헌금 찬송 : 338장(통364) | 헌금 기도 : 회원 중 | 주기도문 : 다같이

마틴 로이드 존스(David Martyn Lloyd-Jones)는 "예수 그리스도의 복음이 마음의 문제와 직접적으로 연관되어 있다"고 말한 바 있습니다. 예수님께서 겉만 보면 나무랄 데 없는 유대 종교인들을 질책하셨던 이유는 그들의 마음 때문이었다는 것이고, 예수님의 가르침은 온통 우리의 마음을 주목하고 있다는 것입니다. 그러기에 겉으로 보여지는 모습이 아무리 훌륭해도 마음이 정결하지 않으면 주님을 결코 뵙지 못할 것입니다. "마음이 청결한 자"는 곧 "하나님을 볼 것"입니다.

1. 마음을 지켜야 바르게 볼 수 있습니다.

인간에게는 듣고 싶은 것만 듣고, 보고 싶은 것만 보는 특성이 있
는 듯합니다. 그래서 마음에도 없는 것을 '듣고, 보라'고 아무리 강요
해도 들어오지 않던 것은 당연한 결과입니다. 반대로 마음에 끌리는
것은 굳이 누가 권하지 않아도 너무 잘 보이고, 너무 잘 들립니다. 그
래서 우리의 감각기관을 지키는 것보다 마음을 잘 지키는 것이 훨씬
중요합니다. 마음을 지키지 못하면 보아도 보지 못하고, 들어도 듣지
못하는 안타까운 인생이 될 수 있기 때문입니다.

2. 그를 '보는' 자마다

요한복음 3장을 보면 예수님께서 민수기 21장의 '불뱀 사건'을 예
로 가르침을 전하시는 장면이 나옵니다. 불뱀 사건은 불뱀에 물린 이
스라엘 백성이 모세가 내건 장대 위의 놋뱀을 바라보고 구원을 받는
내용인데, 예수님은 이 사건을 당신께서 이루실 십자가 사건과 연결
하십니다. "모세가 광야에서 뱀을 든 것 같이 인자도 들려야 하리니
이는 그를 믿는 자마다 영생을 얻게 하려 하심이니라"(요3:14-15) 예수
님은 '그를 믿는 자마다'라고 말씀하셨지만, 불뱀 사건 이야기를 떠올
려 보면 이것은 '그를 보는 자마다'라고도 이해할 수 있습니다. 예수님
이 여기서 말씀하시는 믿음은 주님을 바라보는 것과 깊이 연결되어
있습니다.

예수님을 바라보면 영생을 얻습니다. 그런데 많은 이들이 다른 것
을 보느라 예수님을 바라보지 못합니다. 어쩌면 광야에서 불뱀에 물

러 죽어가면서도 모세가 내건 장대 위 놋뱀을 바라보지 않아서 끝내 구원받지 못한 사람이 있겠다는 생각도 듭니다. 바라볼 수 있을 텐데 왜 바라 보지 않을까요? 보는 것은 곧 마음의 문제이기 때문입니다. 생명의 근원이신 하나님 보기를 원하십니까? 우리 마음에 주님을 보고자 하는 뜨거운 갈망이, 사모함이 있습니까? 그 불길이 우리의 마음을 조금씩 정화해 갈 것입니다.

3. 이미 복을 경험하고 있는 사람들

지금 이 산 위에서 "마음이 청결한 자는 복이 있나니 그들이 하나님을 볼 것임이요"라고 가르치시는 예수님 앞에 있는 많은 사람들이 이미 하나님을 보는 복을 경험하고 있다는 사실입니다. 그렇습니다. 지금 그들 눈 앞에 계신 예수님께서 바로 하나님이십니다. 가난하고 병들고 소외된 그들 앞에 계신 분이 입술을 열어 가르치시고 손을 내밀어 일으키시고 떡과 물고기를 건네는 그 분이 바로 육신을 입으신 하나님이십니다.

예수님을 통해 하나님을 볼 수 있었던 마음이 청결한 사람들은 성전에 있지 않았습니다. 궁궐에 있지 않았습니다. 말씀을 따라 이 산 위에 있었습니다. 다른 어디에서 삶의 희망을 찾지 않고, 참된 가르침을 전하는 예수 그리스도 앞에 있었습니다. 여러분은 지금 어디에 계십니까? 무엇을 듣고, 무엇을 보고 계십니까? 마음이 청결한 자에게, 주님을 뵙는 복과 은혜가 있을 것입니다. 우리 모두에게 이 복과 은혜가 있기를 소망합니다.

① 지금 마음이 온통 쏠려 있는 곳이 있습니까? 마음의 시선을 점검해 보세요.

② 하나님을 향한 시선을 방해하는 것들이 있습니까? 어떻게 극복할 수 있을까요?

③ 지금 계신 곳, 삶의 대부분의 시간을 쏟는 장소, 만나는 이들, 환경 등 마음을 지키는데 도움이 되십니까? 개선할 수 있다면 어떻게 할 수 있을까요?

팔복

"하나님의 자녀"

소그룹 인도

사도신경 : 다같이 | 찬송 : 357장(통397) | 기도 : 회원 중 | 본문 말씀 : 마 5:9
| 헌금 찬송 : 413장(통470) | 헌금 기도 : 회원 중 | 주기도문 : 다같이

예수께서는 "화평하게 하는 자"에게 복이 있는데, 그들은 "하나님의 아들" 곧, 하나님의 자녀라고 일컬음을 받게 될 것이라고 말씀하십니다. 주의 깊게 살펴봐야 할 표현이 있습니다. 예수님께서 '화평한 자'가 아니라 '화평하게 하는 자'가 복이 있다고 말씀하셨습니다. 이는 하나님의 자녀가 마주한 현실 속에서 어떤 역할과 기능을 감당해야 하는지를 밝히는 것입니다. 하나님의 자녀는 갈등과 폭력의 세상을 달관한 채 개인의 수양에만 몰두하는 자가 아닙니다. 하나님의 자녀는 속한 그 세상으로 들어가 '화평하게 하는 자, 화평을 만들어 가는 자'라는 것입니다.

1. 하나님 자녀의 사명

누구도 공동체를 벗어나 살아갈 수 없습니다. 자연으로 돌아가 홀로 살아가는 TV 프로그램이 한때 유행했던 까닭은 많은 이들이 경쟁과 갈등으로 점철된 사회에서 극심한 피로를 느꼈기 때문이지 혼자서도 건강하게 살아갈 수 있기 때문이 아닙니다. 안타깝게도 대한민국은 OECD 국가 중 가장 갈등 지수가 높은 나라로 손꼽히고 있습니다. 연령, 성별, 분야 구분할 것 없이 갈등과 다툼이 끊이지 않고 오히려 증폭하고 있는 현실을 마주하고 있습니다. 물질적인 복은 충분할지 몰라도 하나님 나라의 복이 결여된 시대가 곧 오늘의 한국 사회입니다. 하나님의 자녀로 부름 받은 자들이 마땅히 '화평하게 하는' 사명을 감당해야 합니다.

2. 교회가 이 땅의 소망입니다.

외젠 이오네스코(Eugene Ionesco)의 「코뿔소」(1957)라는 작품의 내용은 이러합니다.

어느 조용한 마을에 코뿔소 한 마리가 들어와 소란을 피우자 마을 사람들의 대화 중심에는 늘 코뿔소가 등장하기 시작합니다. 난폭한 코뿔소가 아프리카에서 왔는지, 아시아에서 왔는지, 고양이를 받아 죽인 코뿔소가 지난번 그 코뿔소인지 아닌지, 코뿔소의 뿔이 두 개인지 하나인지를… 코뿔소에 관한 다양한 이야기가 점점 과열되어 논쟁이 되고, 논쟁이 점차 다툼으로 번져가자 사람들의 머리에 뿔이 나기 시작합니다. 결국 주인공 한 사람을 제외한 마을 사람 전체가 코뿔소로 변해 버립니다.

갈등은 진짜 문제(코뿔소)를 보지 못하게 만듭니다. 계속되는 갈등은 다툼으로 번지고 문제를 해결하는 것이 아니라 더욱 상황을 더욱 복잡하게 만들 뿐입니다. 그 와중에 힘없고 연약한 이들은 계속해서 진짜 문제(코뿔소)에 의해 공격받고 있습니다. 하나님의 자녀가 속한 세상에 화평을 만들어 가야 하는 이유가 바로 여기에 있습니다. 하나님의 자녀는 대립과 분열이라는 악한 궤계에 저항하고, 상처받는 이들을 구제하며, 화평을 만들어 감으로써 하나님의 복을 세상에 전달해야 합니다. '교회가 이 땅의 소망'이라는 말은 바로 이러한 교회의 모습을 가리키는 것입니다.

3. 화평하게 하시는 예수 그리스도

산 중턱에서 예수 그리스도 앞에 서 있던 사람들은 보통 갈등 유발자가 아닌 갈등의 피해자였던 사람들이었습니다. 사실 세상에서 '화평하게 하는' 일을 맡기기에는 너무도 무력한 사람들로 보입니다. 명예도 있고, 종교적 지위나 경제적 능력을 갖춘 이에게 '화평하게 하는' 일을 맡기는 것이 더 효율적이지 않을까 생각도 듭니다. 하지만 모두가 맞대어 욕하고 싸울 때 홀로 맞대어 욕하지 않으신, 고난 당하면서 위협하지 않으신, 오직 정의로우신 하나님께 맡겨 두신 예수 그리스도의 모습을 우리가 기억합니다(벧전 2:23).

하나님은 권력의 정점이었던 황제가 아니라 골고다 언덕에서 십자가에 매달리신 그리스도를 통하여 이 땅에 평화를 선포하셨습니다. 원수 된 것을 십자가로 소멸하시고 하나님 아버지와의 화평의 길을 내신 것입니다(엡2:16). 사도 바울은 우리가 하나님으로부터 "화목하게 하는 직분"을 받았다고 말합니다(고후5:18). 우리에게 힘이 있어서가 아 닙니다. 하나님께서 먼저 예수 그리스도를 통해 이루셨고, 그분을 따 라 화평의 복음을 전하게 하십니다. 화평하게 하는 하나님 자녀의 복 을 마음껏 누리며 살아가시는 영혼이 되기를 소망합니다.

▌함께 나누는 은혜

① 화평과 갈등, 지금 나의 언행이 속한 공동체에 무엇을 만들어 내고 있을까요?

② 하나님 자녀로서의 복을 누리고 계십니까? 그 평화의 복을 나눌 수 있는 방법에는 어떤 것이 있을까요?

③ 지금 생각나는 '화평이 너무도 필요한' 관계 또는 공동체가 있으십니 까? 나눠 보시고 그곳을 위해 함께 기도해 보세요.

팔복

하나님의 자녀로 박해 받은 자

─ 소그룹 인도 ─

사도신경 : 다같이 | **찬송** : 502장(통259) | **기도** : 회원 중 | **본문 말씀** : 마 5:10 | **헌금 찬송** : 620장 | **헌금 기도** : 회원 중 | **주기도문** : 다같이

마지막 두 가지 복은 긴밀하게 연결되어 있기 때문에 일곱 번째 복의 제목은 '하나님의 자녀'였고, 오늘 여덟 번째 복의 제목은 '하나님의 자녀로 박해 받은 자'로 지어 봤습니다. 하나님의 자녀로서 이 땅에 화평을 만들어 간다는 것은 말처럼 쉬운 일이 아닙니다. 특히 현대사회가 약육강식(弱肉强食)을 바탕으로 힘의 논리를 통한 경제성장을 추구하고 있기 때문에 이러한 질서 속에서 화평과 화해를 말한다는 것은 박해를 초래하는 태도일 수밖에 없습니다.

1. '의'를 위하여

예수님께서 "박해를 받은 자는 복이 있다"고 말씀하시면서 앞에 조건을 붙이십니다. 바로 "의를 위하여"라는 기준입니다. '의를 위하여 박해를 받는다'고 전제를 제시하신 이유은 하나님 자녀의 목표가 '박해 받는 것'에 있지 않기 때문입니다. 다시 말해 나의 언행과 상관없이 박해만 받으면 된다는 오해를 하지 않기 위해 예수님은 '의를 위하여'라는 조건을 붙이신 것입니다. 단적으로 잘못된 언행과 죄 때문에 박해를 받는 것에 무슨 영광이 있겠습니까?(벧전 2:20)

하나님의 자녀가 받는 박해는 하나님의 아들을 따르는 길 위에서, 그리스도 예수의 말과 행동을 본받는 삶 속에서 자연스럽게 뒤따르는 영광의 증표입니다. 개인과 공동체의 영달을 위해 박해를 받는 것과 예수 그리스도의 모습을 닮아가며 박해를 받는 것은 분명 구별되어야 합니다.

2. 이미 임한 하나님 나라

그리스도인은 예수 그리스도의 말씀에 따라 하나님 나라가 이미 (Already) 임했음을 고백하는 사람들입니다. 하나님의 자녀가 세상의 질서와 논리에 저항하고, 폭력과 부패에 맞서 평화를 위한 일에 힘쓰는 이유는 이미 그 나라가 시작되었음을 신뢰하기 때문입니다. 예수께서 오셔서 이 땅에서 살아가는 구별된 방법을 친히 몸소 나타내셨습니다. 예수께서 우리를 끝까지 사랑하심으로써 우리에게 "서로 사랑하라"고 말씀하셨고, 하나님 나라가 이미 시작되었음을 선언하신 것입니다.

예수님의 제자들은 경쟁과 갈등, 전쟁으로 이권을 챙기는 세상 속에서 하나님 나라의 기쁜 소식을 세상 곳곳에 전합니다. 하나님의 사랑을 말하고 그 사랑을 위해 박해를 받습니다(요13:34-35). 이미 임한 하나님 나라에 속한 영혼이 되어 세상과 다른 길을 걷다보니 박해를 받는다면 그것은 자연스러운 일입니다(요15:20). 그러나 이 박해는 멎을 것이고 끝날 것입니다. 하나님 나라의 복음이 전해지고 있고, 종국에는 그 나라의 왕께서 오실 것입니다.

3. 천국이 그들의 것임이라

이미 하나님 나라에 살면서 완전히 이루어질 하나님 나라를 꿈꾸는 사람에게 이 땅에서의 박해는 아프지만, 자연스럽게 느껴집니다. 거기에 큰 보상이 따라서라기보다 이미 자기가 살고 있는 하나님 나라가 너무도 좋기 때문입니다. 또한 세상 논리에 따라 살면서 하나님의 마음에 불순종하는 인생이 더 이상 즐겁지 않기 때문이기도 합니다. 예수께서 그런 이들에게 "천국이 그들의 것임이라"(마5:10)라고 말씀하십니다. 이런 영혼들에게 천국 곧, 하나님 나라가 주어지는 것은 전혀 어색한 일이 아닙니다.

하지만 지금 하나님 나라에 전혀 관심이 없고, 그 나라의 질서를 위해 박해 받는 것이 전혀 달갑지 않은 이들에게 하나님 나라가 주어진다는 것은 사뭇 어색한 일처럼 보입니다. 또 그 나라의 왕 되시는 이의 뜻과 계획이 전혀 마음에 들지 않는 자에게 하나님 나라가 주어진다면 과연 그것이 복일 수 있을지 의심스러운 것입니다.

"그리스도 예수 안에서 경건하게 살려고 하는 사람은 모두 박해를
받을 것입니다."(딤후3:12, 새번역) 하지만 이 박해에는 반드시 끝이 있고
그 뒤에는 예수 그리스도의 부활 생명이 뒤따를 것입니다. 예수를 믿
고 따른 모든 이들이 그 나라를 선물로 받고 그 안에서 춤추고 기뻐
하는 모습이 벌써 우리 눈 앞에 보이는 듯합니다. 힘을 내십시오! 살
아계신 하나님께서 우리 모두에게 그 나라를 주실 것입니다. 지금 이
땅에서 박해 받는 모든 이들에게 삼위 하나님께서 위로와 능력을 베
푸실 것입니다. 아멘.

▎함께 나누는 은혜

① '의를 위하여' 박해 받으신 기억이 있으십니까?

② 지금 하나님 나라 안에서 살고 계십니까? 그로 인해 불가피하지만
　 기쁨으로 감당하고 있는 박해가 있으십니까?

③ 살아계신 하나님께서 친히 그 나라를 허락하실 때에 누리게 될 기쁨
　 과 감격을 지금 미리 나누어 보세요.

Christian Basic

사중복음

고백자의 기둥

사중복음

중생 - 성도는 새롭게 태어났습니다

소그룹 인도

사도신경 : 다같이 | 찬송 : 284장(통206) | 기도 : 회원 중 | 본문 말씀 : 요 3:1-7
| 헌금 찬송 : 288장(통204) | 헌금 기도 : 회원 중 | 주기도문 : 다같이

예수님은 디모데에게 "진실로 진실로 네게 이르노니 사람이 거듭나지 아니하면 하나님의 나라를 볼 수 없느니라"(요 3:3)고 가르치십니다. 여기서 '거듭나다'라는 말이 성결교회의 기본 교리이며, 신앙교육의 주제인 사중복음의 첫 번째 중생입니다. 다시 태어난다는 뜻을 가진 중생의 복음은 '우리가 어떻게 해야 영생을 얻을 수 있을까?'에 대한 답을 주는 것이며, 신자의 변화된 생활의 시작을 의미합니다.

중생은 우리가 구원을 받을 만한 아무런 자격이 없지만, 독생자 예수님을 보내셔서 죄값을 대신 지불하게 하신 하나님의 은혜로 구원을 받게 하신 것입니다. 그래서 성도의 구원은 하나님의 사랑의 선물이며, 예수님 안에서 믿음으로 받는 것입니다.

다른 종교가 구원을 얻기 위해 고행과 헌금과 봉사와 선행을 할 때, 기독교는 자격이 되지 않고 조건을 갖추지 못해도 구원을 선물로 받습니다. 그렇기에 다른 종교의 목적지가 구원을 얻는 것이라면, 기독교에서는 구원이 하나님이 기뻐하시는 신앙생활의 출발점이고 시작입니다.

1. 하나님의 은혜로 깨끗함을 얻었습니다.

타락한 인간이 거룩하신 하나님 앞에서 의로운 사람으로 인정받는 것은 매우 중요한 문제이지만, 인간 스스로는 이 문제를 해결 할 수 없다는 한계에 직면하게 됩니다. 죄인인 우리가 의롭게 되는 것은 결격 사유가 없어지는 것이 아니라 부족함이 많음에도 하나님께서 결함을 보지 않으시고, 죄인인 우리가 의롭게 되는 것입니다. 나의 수고가 아닌, 하나님의 은혜로 깨끗함을 얻어 새롭게 다시 태어나는 것입니다(롬 3:23-24).

이명직 목사는 우리의 행한 것을 검사해서 만점이라고 하는 것이 아니라 의롭지 않은 자를 의롭다고 인정한다는 것이라고 말합니다. 이는 우리의 부족함과 결함을 보시지 않으시고, 마음의 중심에 있는 믿음만을 보시는 것입니다. 나에게 구원을 받을 만한 자격이 없어도, 내가 어떠한 조건을 갖추지 못해도, 심지어 착하게 살지 못한 죄인이어도 하나님의 사랑과 은혜는 주어집니다(롬 5:8).

2. 믿음으로 새롭게 태어났습니다.

요한복음 3장 16절은 "하나님이 세상을 이처럼 사랑하사 독생자를 주셨으니 이는 그를 믿는 자마다 멸망하지 않고 영생을 얻게 하려 하심이라"고 선포합니다. 하나님께서는 예수님을 보내시고, 그를 믿는 자를 '의롭다'라고 인정해주서서 구원을 주십니다. 죄인이었던 우리에게 오직 믿음으로만 영원한 생명의 길을 열어 주십니다.

율법주의자들은 헌금과 구제, 순례, 금식, 선행 등을 통해서 자기의 의를 세우려고 합니다. 바울도 자기의 의를 위해서 많은 수고와 공부를 했고, 교회와 그리스도인을 핍박하였습니다. 그러나 다메섹으로 향하던 길에서 예수님을 만나게 된 후 지금까지 율법으로 말미암아 얻으려고 했던 자신의 의와 수고를 모두 배설물처럼 쓸모없는 것으로 여기게 됩니다. 그리고 그리스도 안에서 믿음으로 말미암아 하나님의 의를 얻었다고 선언합니다(롬 5:1).

혹자는 '기독교의 구원이 좁아 보인다'고 말하거나 '왜 기독교에만 구원이 있다고 말하냐?'고 비난하기도 합니다. 그러나 힌두교의 카스트 제도에서 하층민은 전생의 죄값을 평생 치뤄야하고, 그것을 벗어나거나 해결할 방법이 없습니다. 이슬람은 매일 특정한 방향을 향해 정해진 시간에 하루 5번의 기도를 해야 하고, 신조를 낭송하고 성지를 순례해야 하며, 라마단에 금식하고 종교세금을 내는 필수적인 요소를 지켜야만 구원을 받습니다. 다른 종교에서 구원을 얻기 위해 하는 수고와 노력에 비하면 기독교의 구원은 너무나 쉽고 자비로우며 넓게 열려 있습니다.

하나님은 우리에게 구원을 받기 위해서 수많은 체험을 하거나, 헌금을 많이 내거나, 선행을 하는 것을 요구하시지 않습니다. 우리는 다만 예수님을 통해 주어진 하나님의 은혜의 복음에 믿음으로 응답하기만 하면 되는 것입니다.

3. 하나님의 자녀가 되었습니다.

예수님의 제자 요한은 요한일서 2장 29절에서 "너희가 그의 의로 우신 줄을 알면 의를 행하는 자마다 그에게서 난 줄을 알리라"고 말합니다. 이와 같이 하나님은 의롭다 하심을 받은 모든 사람에게 하나님의 자녀가 되는 특권을 주셨습니다. 또한 하나님의 자녀가 된 우리에게 세상과 죄를 이기는 능력을 주십니다. 요한일서 5장 4절에서 "하나님께로서 난 자마다 세상을 이기느니라 세상을 이긴 이김은 이것이니 우리의 믿음이니라"라고 말하고 있고, 요한일서 3장 9절에서는 "하나님께로서 난 자마다 죄를 짓지 아니하나니 이는 하나님의 씨가 그의 속에 거함이요 저도 범죄치 못하는 것은 하나님께로서 났음이라"고 말합니다. 또한 고린도후서 5장 17절은 "그런즉 누구든지 그리스도 안에 있으면 새로운 피조물이라 이전 것은 지나갔으니 보라 새 것이 되었도다"라고 말합니다. 성도는 하나님의 은혜로 말미암아 이전의 내가 아닌 새 사람으로 살아야 합니다.

▌함께 나누는 은혜
① 당신은 믿음 안에서 새롭게 거듭나셨습니까?
② 하나님의 자녀가 된 후 느꼈던 마음에 대하여 나눠봅시다.

사중복음

**성결 - 성령으로
충만할 때 온전해집니다**

소그룹 인도

사도신경 : 다같이 | 찬송 : 423장(통213) | 기도 : 회원 중 | 본문 말씀 : 롬 8:1-2
| 헌금 찬송 : 420장(통212) | 헌금 기도 : 회원 중 | 주기도문 : 다같이

하나님의 사랑으로 죄인이었던 내가 의롭게 여겨지는 중생의 은혜를 경험한 성도는 구원받은 하나님의 자녀로 새롭게 태어나게 됩니다. 기독교는 구원을 선물로 받았기에 신앙생활의 다른 목적을 가져야 합니다. 그것이 거룩한 하나님의 자녀로 사는 것입니다. 거룩하신 하나님은 우리에게 거룩함을 원하십니다.

1. 하나님은 성도가 하나님의 형상대로 거룩하기를 원하십니다.

성경은 하나님께서 사람을 창조하실 때 하나님의 형상대로 창조하셨다고 말합니다. 하나님의 형상은 겉으로 확인되는 유형적 형상이 아닙니다. 하나님의 형상은 무형적 형상 곧 하나님의 속성을 의미하는 것이며, '영혼'을 뜻하는 것입니다. 하나님의 형상으로 창조된 사람은 영적인 존재이며, 하나님의 성품인 선함과 진실함, 사랑과 정의, 친절함과 온유함, 기쁨과 인내, 용서와 자비, 평안함과 창조성과 자유로움 등을 가지고 있습니다.

하나님께서는 우리 마음을 보신다고 말합니다(삼상 16:7). 예수님도 산상수훈 팔복에서도 천국은 마음의 상태에 따라서 주어집니다. 마음이 가난하고, 슬퍼하며, 온유하고, 청결하며, 화평하며, 하나님의 의를 따르는 사람에게 천국이 주어집니다. 이는 하나님의 형상이 우리 마음에 있음을 가르쳐줍니다.

그래서 하나님은 이스라엘이 주위의 다른 나라들과 구별되어야 하는 이유를 하나님의 형상대로 지어진 하나님의 백성이기에 하나님을 닮아 거룩해야 한다고 가르치셨습니다(레 19:2). 신약의 교회도 구원받은 성도에게 거룩함을 추구하라고 권면하고 있으며(살전 4:3, 7), 우리를 부르신 하나님처럼 성도가 거룩해야 함을 강조하고 있습니다.(벧전 1:15-16). 문제는 구원받은 성도가 항상 거룩하게 살아가는 것이 결코 쉽지 않다는 것입니다.

2. 구원받은 성도라도 유혹과 욕심에 넘어질 수 있습니다.

하나님의 형상대로 창조된 사람이 왜 하나님의 뜻대로 살지 못할까요? 이는 아담과 하와의 불순종에서 시작된 타락 때문입니다. 하나님의 형상이었던 인간은 타락으로 말미암아 마음이 부패하게 되었습니다. 창세기 3장에서 하와가 하나님의 말씀과 뜻보다 선악과를 더 탐스럽게 보았던 것처럼, 사람들은 거룩함과 선함, 사랑, 정의보다 세상의 성공, 명예, 인기, 돈, 외모, 권력 등의 외적인 조건을 더 중요한 것으로 생각했고, 욕심대로 행동합니다. 이것이 인간이 가지고 있는 부패한 본성입니다.

문제는 중생의 은혜를 경험한 성도라도 유혹과 욕심에 넘어질 수 있다는 것입니다. 하나님의 마음에 합한 사람이라고 칭찬을 받았던 다윗은 충성된 부하인 우리아의 아내와 간통하고, 자신의 죄를 감추기 위해 우리아를 전쟁에서 죽게 만듭니다. 세상의 악함으로 홍수로 심판을 받을 때에 의인으로 인정받아 방주를 짓고 구원을 받았던 노아는 홍수가 끝나고 포도주에 취해서 벌거벗고 자는 추태를 보여서 아들의 조롱거리가 됩니다.

그래서 성결의 복음은 사람이 중생한 후에 마땅히 통과해야 할 은혜가 있다는 것을 말합니다. 요한 웨슬레는 의로움을 받은 사람도 마음 속 교만, 분노, 고집, 타락에 대한 경향성이 있어서 타락할 수 있음을 슬퍼한다고 말합니다. 그러므로 구원을 받은 성도라고 할지라도 죄의 뿌리가 자기의 마음 속에 남아 있어서 유혹과 욕심에 넘어질 수 있다는 것을 기억해야 합니다(고전 10:12). 이것은 성결의 은혜가 아니면 우리가 육의 옛사람에서 완전하게 벗어날 수가 없다는 것을 의미하는 것입니다.

중생의 은혜를 체험할 때 성도는 자신이 범한 죄에서 용서받고 해방됩니다. 그러나 인간의 부패한 마음은 하나님의 뜻에 순종하기 보다는 욕심과 유혹을 좇게 합니다. 따라서 성도는 성결의 은혜를 통해 부패한 원죄에서부터 깨끗함을 받고, 죄로부터 자유를 얻어 승리하며, 온전한 하나님의 형상으로서 은혜의 생활을 해야 합니다.

김상준 목사는 성결에 대해서 정의하기를 죄악의 뿌리, 즉 마음에 남아있는 악한 성질과 마음 속의 옛사람을 주의 보혈과 성령의 불로 깨끗이 정결케 하며, 또한 더러움이나 세상의 것이 없는 것이라고 말합니다.

구원을 받은 자의 신앙이 점점 성장하다가 어느 때에 성결하게 되는 것이 아닙니다. 하나님의 은혜의 자리에서 예수의 보혈과 성령으로 말미암아 경험하게 되는 하나님의 현실적인 역사가 성결입니다. 성경은 예수 그리스도의 보혈의 은혜가 성도를 성결하게 함을 가르칩니다(벧전 1:18-19, 요일 1:7). 또한 초대교회가 받았던 성령의 불세례가 성도에게 주어질 때 성도가 권능을 받고, 예수님의 증인으로, 하나님의 자녀로 살아갈 수 있음을 알려줍니다(행 15:8-9, 롬 8:2). 그러기에 성도는 신앙의 교만을 버리고 겸손한 마음을 가지고 깨어 근신하며 성결을 계속 유지하기 위해 항상 기도해야 합니다. 그리고 성령의 충만을 구해야 합니다. 성령의 충만함으로 성도 안에서 하나님의 형상이 회복될 때 하나님께서 기뻐하시는 열매를 맺을 수 있습니다(갈 5:22-23).

▌함께 나누는 은혜
① 성결한 삶을 가장 방해하는 것이 무엇인지 나눠봅시다.
② 구역원들의 성결한 삶을 위해 함께 중보합시다.

사중복음

신유 – 주님 안에서
누리는 회복과 건강

소그룹 인도

사도신경 : 다같이 | 찬송 : 471장(통528) | 기도 : 회원 중 | 본문 말씀 : 요삼 1:2
| 헌금 찬송 : 405장(통458) | 헌금 기도 : 회원 중 | 주기도문 : 다같이

출애굽기 15장 26절을 살펴보면 "이르시되 너희가 너희 하나님 나 여호와의 말을 들어 순종하고 내가 보기에 의를 행하며 내 계명에 귀를 기울이며 내 모든 규례를 지키면 내가 애굽 사람에게 내린 모든 질병 중 하나도 너희에게 내리지 아니하리니 나는 너희를 치료하는 여호와임이라" 여기서 하나님은 나는 너를 치료하는 여호와라고 자신을 소개하십니다. 성결교회의 사중복음의 세 번째인 신유는 하나님의 초자연적 능력으로 병에서 깨끗하게 낫는다는 뜻을 지니고 있습니다.

1. 하나님의 은혜는 죄와 병에서 자유함을 얻게 하십니다.

성경은 신유에 대해 다양한 모습을 소개하고 있습니다. 먼저 신유의 은혜가 복음이 될 수 있음을 말하고 있습니다. 예수님은 제자들을 각 마을로 파송하시면서 복음을 전파하라고 말씀하셨습니다. 제자들이 믿음으로 복음을 선포할 때 "병든 자를 고치며, 죽은 자를 살리며, 나병환자를 깨끗하게 하며, 귀신을 쫓아내되 너희가 거저 받았으니 거저 주라"(마 10:8)고 명령하십니다. 복음의 뜻이 기쁜 소식이라면 병자에게 신유의 은혜는 분명한 복음이며, 신유의 역사가 하나님의 은혜와 통치가 나타나는 표적이라는 것을 알려주고 있습니다.

둘째, 순종하는 자에게 신유의 은혜가 있음을 말하고 있습니다. 민수기 21장에서 이스라엘 백성들은 먹을 것과 마실 것에 대한 불만을 가지고 하나님과 모세를 원망하자 하나님이 불뱀을 보내 많은 백성을 징계하십니다. 이 때 모세가 기도하자 하나님이 구리 뱀을 만들어 장대 위에 달게 하시고, 불뱀에게 물린 사람이 구리 뱀을 바라보면 살게 하셨습니다. 그래서 하나님의 말씀대로 구리 뱀을 본 사람들은 살게 되었습니다. 우리가 종종 목격하는 구급차에 그려진 막대기의 뱀은 하나님의 신유의 은혜를 상징하는 것입니다. 셋째, 기도할 때 신유의 은혜를 경험할 수 있다고 말합니다. 기도하지 않은 아사 왕의 죽음(대하 16:12)과 기도로 신유를 경험한 히스기야 왕의 할 때 신유의 은혜가 나타남(사 38:3-5)을 증거합니다.

2. 예수님은 우리의 죄와 고통을 대신 짊어지십니다.

예수님이 이 땅에 오셔서 십자가 지심은 우리의 죄를 감당하시고, 생명을 주시기 위함입니다. 새 생명 얻은 영혼들이 경험할 수 있는 은혜가 많지만, 그 중 한 가지가 신유입니다. 이사야 53장 5절 "그가 찔림은 우리의 허물 때문이요 그가 상함은 우리의 죄악 때문이라 그가 징계를 받으므로 우리는 평화를 누리고 그가 채찍에 맞으므로 우리는 나음을 받았도다"는 말씀은 예수의 속량으로 우리가 평강을 누리고 고침을 받았음을 말합니다. 게다가 예수님께서 대신하여 우리의 병과 고통을 짊어지심으로 우리가 고침을 받는 신유의 은혜를 강조(마 8:17)하기도 합니다.

히브리서 13장 8절 "예수 그리스도는 어제나 오늘이나 영원토록 동일하시니라"의 말씀대로 예수님은 어제나 오늘이나 영원토록 변치 아니하시기 때문에 신유는 성경의 시대뿐만 아니라 지금도 계속적으로 행하여지는 복음입니다. 예수님께서는 십자가를 우리를 위해서 대신 지시고 구속의 역사를 완성하셨습니다. 또한 예수님의 신유의 능력과 은총은 주님께 나아와서 치료를 간구하였던 모든 사람을 고치시고, 죄와 관계있는 병은 신유의 역사와 함께 죄를 사하심을 보여주십니다. 신유가 주님의 대속의 사역에 포함되어 있으므로 우리는 병에 걸렸을 때 담대하게 주님께 나아가 치료해 달라고 할 수 있게 됩니다.

3. 성도는 주님이 다시 오실 때까지 회복과 건강을 경험합니다.

신유의 복음은 단순히 질병에 대한 치유로 국한되지 않습니다. 우리의 영혼과 몸과 마음의 건강함은 신유의 은혜이며, 은혜의 열매입니다. 현대사회는 의학이 많이 발달했고, 건강에 대한 상식이나 운동법이 많이 알려져 있습니다. 그럼에도 코로나와 같은 전염병으로 전세계가 고통을 받았고 생활의 방식도 달라졌습니다. 인간의 수명은 늘어났지만, 암과 같은 질병도 더욱 많아졌습니다. 불안, 우울, 분노, 자학과 같은 마음의 질병도 늘어났고, 하나님을 멀리하고 돈, 마약, 도박, 인기, 외모, 명예, 이기심과 같은 영혼의 병든 자도 많습니다.

영혼과 마음과 몸의 질병을 깨끗하게 치료하고 하나님의 온전한 창조의 상태로 돌아가기 위해 신유의 복음은 지금도 필요합니다. 또한 하나님의 보호로 연약한 몸을 가지고도 병들지 않고 건강하게 생활하는 것도 하나님의 신유라고 할 수 있습니다.

"사랑하는 자여 네 영혼이 잘 됨 같이 네가 범사에 잘되고 강건하기를 내가 간구하노라"(요한삼서 1장 2절)

▌함께 나누는 은혜
① 각자가 경험한 신유의 은혜를 나눠봅시다.
② 최근 마음의 고통을 경험하시는 분들이 많습니다. 구역원들과 가족들의 강건함을 위해 함께 중보합시다.

사중복음

재림 - 다시 오시는 주님을 기다립니다

소그룹 인도

사도신경 : 다같이 | 찬송 : 180장(통168) | 기도 : 회원 중 | 본문 말씀 : 마 24:30
| 헌금 찬송 : 176장(통163) | 헌금 기도 : 회원 중 | 주기도문 : 다같이

성결교회의 사중복음 중 재림은 이 땅에 다시 오실 주님을 소망하는 것으로(마 24:30), 기독교의 믿음과 소망이 완성되는 것입니다. 이단과 사이비는 포교를 위해 종말과 내세에 대한 그릇된 가르침으로 교회와 성도를 미혹하고, 두려움을 갖게 합니다. 하지만 기독교에서 재림의 복음은 종말로 끝나는 것이 아니라 부활의 몸을 입고 영원한 생명으로 살아가는 것이기에 오히려 기대하고 기다리는 소망의 복음입니다. 예수님의 재림은 앞으로 일어날 현실적인 사건을 바라보면서 믿음으로 결단하고 소망을 가지고 살아갈 것을 요구합니다.

1. 주님은 심판을 위해 다시 오십니다.

우리가 살아가는 세상은 평화롭고 안전하고 행복해 보이면서도, 위험하고 불안하고, 문제가 많아 보이기도 합니다. 특히 뉴스에서 사건, 사고에 대한 기사를 보거나, 범죄를 저지른 가해자가 정당한 벌을 받지 않을 때 분노하기도 합니다. 그래서 철학자 칸트는 도덕 법칙의 근거로서 하나님이 계셔야만 한다고 주장하기도 합니다. 사람의 행위를 보시고 그에 따른 정당한 상과 벌을 주시는 정의로운 하나님이 계셔야만 도덕적인 삶이 가능하다는 것입니다. 실제로 하나님은 공의의 하나님이십니다(시 9:8). 억울한 피해자의 울부짖음과 기도를 들으시며, 그 억울함을 풀어주시는 하나님이십니다.

하나님의 심판은 곧 구원을 위한 것이기도 합니다. 약자를 학대하고 빼앗은 악인을 심판하는 것은 고통받는 약자를 구원하는 것이기 때문입니다. 또한 재림하시는 예수님은 심판의 주님으로 능력과 권세를 가지고 오셔서 우리가 행한 모든 것이 자기 행위에 따라 기록된 대로 심판을 받게 됩니다(고후 5:10, 계 20:12). 아무것도 숨기거나 감출 수 없고, CCTV에 기록된 것처럼 우리의 모든 행위가 주님의 심판대 앞에서는 벌거벗은 것 같이 드러날 것입니다.

2. 주님은 성도의 부활과 구원을 위해 다시 오십니다.

재림과 부활은 밀접한 관계를 맺고 있는데, 예수님의 재림 때에 우리의 부활이 실현되기 때문입니다(고전 15:52, 빌 3:21). 우리의 부활은 죽은 자가 부활하여 주님 앞에 나아가고, 살아있던 자는 부활의 몸으로 변화하여 주님 앞에 나아갑니다(살전 4:16-17). 부활의 몸을 입은 성도가 영원히 살아가게 될 천국은 항상 어둠이 없고 밤이 없는 곳입니다(계 21:23). 또한 어두움과 고통이 사라지고 영생을 기쁨으로 누리게 됩니다(계 21:4). 그렇기에 초대교회로부터 지금까지 교회와 성도는 예수님의 재림의 때를 계속해서 기다리고 있습니다.

이것은 기독교 신앙의 복음입니다. 하나님의 사랑으로 이 땅에 오셔서 십자가에서 우리를 대신하여 죽으시고 부활하심으로 구원하셨던 예수님이 약속하셨던 대로 우리를 위해 다시 오셔서 영생하게 하시는 것이 성도의 소망입니다.

3. 재림의 때를 준비하며 기다려야 합니다.

성경은 예수님이 다시 오실 시기에 대하여 모른다고 말합니다(마 24:36). 그럼에도 이단과 사이비의 미혹, 전쟁과 대립, 식량문제와 지진 등의 자연재해 등이 재림의 때가 가까이 있음을 알려주는 징조라고 가르칩니다(마 24:5-8). 또한 윤리적으로 타락하고, 하나님을 멀리하는 사회의 모습은 임박한 재림의 때를 깨닫게 합니다.

그러므로 성도들은 다시 오실 예수님을 소망하며, 재림의 때를 준비하며 기다려야 합니다. 마태복음 25장은 결혼식에 참여하는 10명의 처녀의 이야기를 들려줍니다. 유대인의 전통 결혼식은 밤에 진행되기에 지금처럼 전기가 없던 고대에는 등잔을 든 처녀들이 신랑과 신부의 주위에서 결혼식을 환하게 밝혔습니다. 신랑이 오는 것이 예정보다 길어졌고, 기름을 준비하지 못했던 5명의 처녀가 기름을 사러 간 동안에 신랑이 도착하여 대문이 닫힙니다. 결국 미리 준비하지 못한 처녀들은 결혼식에 참여하지 못하고 애타게 문을 열어달라고 두드립니다. 기름을 준비하고 계십니까? 아니면 다음에 준비하겠다는 마음으로 미루고 계십니까? 사도 바울의 고백처럼 칭찬과 상을 받는 성도가 되도록 준비합시다(딤후 4:7-8). 마라나타~ 아멘 주 예수여. 어서 오시옵소서.

> "나는 선한 싸움을 싸우고 나의 달려갈 길을 마치고 믿음을 지켰으니 이제 후로는 나를 위하여 의의 면류관이 예비되었으므로 주 곧 의로우신 재판장이 그 날에 내게 주실 것이며 내게만 아니라 주의 나타나심을 사모하는 모든 자에게도니라"(딤후 4:7-8)

▍함께 나누는 은혜

① 다시 오실 주님을 신뢰하고 계십니까?
② 각자의 삶에서 재림의 때를 어떤 모습과 자세로 준비하는지 나눠봅시다.

Christian Basic

주기도문

고백자의 기도

주기도문

주기도문의 문을 열면서...

소그룹 인도

사도신경 : 다같이 | 찬송 : 366장(통485) | 기도 : 회원 중 | 본문 말씀 : 마 6:9-13
| 헌금 찬송 : 430장(통456) | 헌금 기도 : 회원 중 | 주기도문 : 다같이

주기도문은 예수님께서 친히 가르치신 기도로 '기도의 정석'이라고 할 수 있습니다. 기도를 받으실 주체가 되시는 예수님께서 "이렇게 기도하라"라고 가르쳐주셨으니 이보다 더 명확한 기준이 될 만한 기도의 지침서도 없는 것입니다.

그런데 기도의 정석이 되는 주기도문이 때로는 너무 익숙하고, 너무 가볍게 반복되고 있습니다. 누군가 주기도문을 백 번 반복하면 효험이 있다면서 주기도문을 '기도(祈禱)'가 아닌 '주문(呪文)'처럼 사용하는 경우도 간혹 볼 수 있습니다. 뜻은 사라진 가운데 습관만이 남아 있는 것은 아닌가 씁쓸한 마음이 듭니다.

1. 바른 기도의 예

주기도문이 주어진 마태복음의 정황을 살펴보면 일부 사람들이 대중 앞에서 보여지는 외식적인 기도를 하고 있을 때였습니다. 그리고 어떤 사람들은 말이 공로가 될 것이라고 믿었던 이방인들의 기도에 관심을 가지고 있었을 당시에 주기도문이 주어졌습니다. 결국, 기도의 잘못된 방식을 교정하여 바른 기도를 할 수 있도록 가르쳐주신 기도가 주기도문이라는 것입니다. 그러기에 주기도문을 다시 살펴봄으로 기도의 본질을 찾고, 기도의 행위 자체에 의미를 두려 하는 관성을 멈춰야 합니다. 기도의 표준이라 할 수 있는 주기도문의 뜻을 음미하며, 진심으로 기도할 수 있어야 합니다.

예를 들어 '하늘에 계신 우리 아버지여'라는 기도 한 마디 안에도 단순한 호칭 이상의 존재론적 선언이 담겨 있습니다. 예수님의 제자들은 하늘에 계신 하나님을 아버지로 둔 존재이며, 더 이상 세상의 기준을 따라 살지 않고, 하늘의 질서에 따라 살아가는 자들임을 선언하는 것입니다. 그래서 짧은 한 마디의 기도를 진심으로 고백할 때 하나님 앞에 생명력 있는 기도로 드려지게 된다는 것입니다. 이처럼 주기도문의 의미를 따라 진심을 담아 기도할 때 하늘의 가치가 그의 심령을 가득 채워지는 역사를 경험할 수 있게 되는 것입니다.

2. 하나님 나라의 기도

주기도문이 주어진 누가복음의 상황을 보면 제자들이 예수께 나아와 '요한이 제자들에게 기도를 가르친 것 같이 우리에게도 기도를 가르쳐 달라'는 요청으로 주기도문이 주어진 것을 알 수 있습니다.

세례 요한이 사역할 당시에는 메시아가 곧 나타나 하나님 나라를 실현할 것이라는 기대에 여러 당파들(바리새, 열심당, 에세네 등)이 기도문을 만들어 제자들에게 가르쳤습니다. 물론 세례 요한도 제자들에게 기도문을 작성해서 가르치고 있었습니다. 이런 정황 가운데 예수님의 제자들도 하나님 나라를 준비하기 위해 예수님께 기도를 가르쳐 달라고 요청한 것입니다.

그렇다면 우리는 주기도문을 어떠한 관점에서 바라보고 해석해야 할까요? 주기도문은 한마디로, 하나님의 나라와 뜻이 이 땅에 임하기를 구하는 기도라는 것입니다. 다시 말해, 주기도문은 형식적인 기도의 예시가 아니라 하늘의 뜻이 땅에서 이루어지는 길이며, 하나님의 백성으로서 이 세상을 살아가는 제자들이 붙들어야 할 삶의 방향이라고 할 수 있는 것입니다.

3. 주기도의 렌즈를 장착하자

주기도문의 전반부는 하나님 나라에 집중되어 있습니다. 이는 신자들의 기도가 하나님 나라에 우선되어야 함을 분명히 보여주신 것입니다. 그러나 오늘날 성도들의 기도 시간을 살펴보면 적지 않은 성도들에게 '정기적 기도 시간'이 없는 경우가 많은 것을 보게 됩니다. 그나마 기도하는 성도들 중에서도 하나님 나라와 뜻보다는 주로 개인적인 문제에 집중 되어 있는 것이 현실입니다.

이러한 현실 가운데 기도의 교과서인 주기도문의 렌즈를 장착하여 오늘 우리의 기도를 점검해 볼 때인 것 같습니다. 그래야 우리의 기도가 바른 기도의 길로 나아갈 수 있기 때문입니다. 앞으로 10주간의 여정을 통해 주기도문의 해석만이 아닌 주님의 기도를 마음에 품고 살아내는 시간이 되길 바랍니다.

┃함께 나누는 은혜

① 주기도문을 천천히 의미를 음미하면서 드려봅시다.

② 우리의 기도는 '요구'가 먼저 아닙니까? 하나님의 이름이 높임 받으시기 원하는 기도와 하나님의 나라가 임하기를 원하는 기도를 드려봅시다.

주기도문

하늘에 계신 우리 아버지여

소그룹 인도

사도신경 : 다같이 | **찬송** : 1장(통1) | **기도** : 회원 중 | **본문 말씀** : 마 6:9-13
| **헌금 찬송** : 79장(통40) | **헌금 기도** : 회원 중 | **주기도문** : 다같이

---

1. 아버지여(그 대상과의 관계)

예수님께서 유대인들의 반감을 샀던 이유 중 하나는 하나님을 '아버지'라 불렀기 때문입니다. 유대인들이 보기에 예수께서 스스로를 하나님과 동등하게 여긴다고 생각했고, 이것을 신성 모독으로 간주했던 것입니다(요 5:18). 복음서를 살펴보면 예수님은 십자가에서 진노의 잔을 마시는 그 순간을 제외하고는 언제나 하나님을 '아버지'라 부르셨습니다. 당시 유대 문헌 안에는 하나님을 그렇게 친밀하게 '아버지'라 부른 예가 거의 없습니다. 그러니 예수님이 하나님을 '아버지'라고 부르는 것은 유대 사회에서는 너무나도 파격적이고 도발적인 일이었습니다.

예수께서는 한 걸음 더 나아가 제자들에게도 하나님을 '아버지'라 부르며 기도의 문으로 들어가라고 말씀하십니다. 이는 예수님께서 자신의 사역을 통해 새 이스라엘, 곧 하나님의 백성이 탄생할 것을 바라보셨습니다. 하나님의 백성들은 하나님을 멀고, 두려운 존재로 여기는 사람들이 아니라 하나님을 아버지라 부르며 살아가는 자녀들이 될 것입니다.

그렇다면 예수께서 주기도문의 시작을 '아버지여'라고 시작하신 의도가 무엇일까요? 제자들이 하나님께 기도함에 있어서 아버지와의 친밀한 관계 안에 있는 것처럼 확신 있게 기도하기를 원하신 것입니다.

2. 꾸밈과 가식이 없이 (그 대상에 대한 자세)

제자들은 더 이상 이 땅의 방식으로 싸우지 않습니다. 세상 방식을 포기하고 하늘의 방식을 선택한 제자들은 마치 이리 가운데 놓인 어린 양처럼 보일지 모릅니다. 그러나 하늘에 계신 아버지께서 함께하시기에 어떤 역경 속에서도 결코 무너지지 않습니다. 그들은 약해 보이지만 담대하게 기도할 수 있습니다. 왜냐하면 그분이 바로 아버지이시기 때문입니다. 오늘도 성도들은 제자들의 상황과 같이 세상에서 살아가고 있습니다. 또한 세상의 방식대로 살아가지 않습니다. 때로는 억울한 일을 당하거나 답답한 상황을 겪고도 어찌할 방도를 찾지 못합니다. 그런 우리에게 예수님은 "하나님께서 우리 아버지되신다"라고 격려하십니다.

하나님 나라의 제자들은 세상의 방식으로 싸우지 않습니다. 그래서 때로는 오해를 받고, 억울함을 겪고, 설명할 수 없는 고난 앞에 놓이기도 합니다. 그러나 예수님은 그 제자들에게 말씀하십니다. 너희의 아버지 되시는 하나님께 나아가 무엇이든 아뢰라는 것입니다.

3. 하늘에 계신(그 대상에 대한 인식)

예수님께서는 아버지를 '하늘에 계신 아버지'라고 부르셨습니다. 이 표현은 하나님이 단순히 친근한 존재일 뿐 아니라 초월적이며 전능하신 분임을 강조하는 것입니다. 하나님께서 단지 우리의 감정을 '공감'만 하실 수 있고, 실제로 개입하거나 역사하실 능력이 없다면 그분께 기도하는 의미가 있겠습니까? 예수님은 하나님을 '하늘에 계신다'고 말씀하심으로 하나님의 전능하심을 선포하고 계시기에 우리의 기도는 푸념이나 넋두리로 끝나지 말아야 합니다.

예수님은 '하늘에 계신'이라는 표현을 통해 우리가 기도할 때 '전능하신 하나님을 기대하라'고 가르칩니다. 기도하는 사람들의 믿음은 제각각입니다. 어떤 이에게 하나님은 작은 일도 맡기기 힘든 존재처럼 여겨지고, 어떤 이에게는 인간의 상식 너머의 일까지 맡길 수 있는 전능하신 분으로 여겨집니다. 이 차이는 '하늘에 계신'의 '인식 차이'에서 오는 것입니다. 그러기에 성도는 무엇을 구하든 능히 이루실 수 있는 초월적 능력의 하나님이 우리 아버지이시라는 사실을 기억하며 기도해야 합니다.

'하늘에 계신'과 '아버지여'는 우리에게 적절한 균형을 이루는 것이 필요합니다. '하늘에 계신'이라는 표현은 경외와 기대를 일으키고, '아버지'는 친밀함과 신뢰를 열어줍니다. 우리는 그 아버지께 무엇이든 말씀드릴 수 있지만 그것이 무례해도 괜찮다는 뜻은 아닙니다. 기도는 친밀함 위에 세워진 경외의 대화라는 사실을 잊지 않아야 합니다. 무엇을 주저하시겠습니까? 지금 이 순간에도, 하늘에 계신 아버지께서 당신의 기도를 기다리고 계십니다.

▌함께 나누는 은혜
　① 하나님을 '나의 아빠'라고 생각할 때 무슨 대화를 나누고 싶으신가요?
　② 무엇이든 아버지께 구할 수 있다면 무엇을 구하고 싶으신가요?

> 주기도문
>
> # 이름이 거룩히 여김을 받으시오며

소그룹 인도

사도신경 : 다같이 | **찬송** : 8장(통9) | **기도** : 회원 중 | **본문 말씀** : 마 6:9-13 | **헌금 찬송** : 38장 | **헌금 기도** : 회원 중 | **주기도문** : 다같이

1. 하나님의 이름

성경에서 하나님의 이름은 단순한 호칭이 아니라 하나님의 전인격을 의미합니다. 그래서 십계명의 세 번째 계명은 "네 하나님 여호와의 이름을 망령되이 일컫지 말라"라고 말씀하고 있는데, 이는 하나님의 이름에 대해 망령되이 일컫는 것이 곧 하나님에 대한 모욕이 되기 때문입니다. 결국 하나님은 하나님의 이름과 하나님의 존재를 동일하게 여기고 계십니다. 따라서 하나님의 이름을 어떻게 대하는가는 곧 그 사람이 하나님을 어떻게 대하는가로 대변됩니다.

다윗이 자신보다 월등한 상대인 골리앗을 향해 목숨을 걸고 달려

간 것은 골리앗이 여호와의 이름을 모욕했기 때문입니다. 그 자리에 있던 이스라엘 장수 누구에게도 하나님은 목숨을 걸 만큼 중요한 대상이 아니었을지 몰라도 다윗에게 하나님은 전부였기 때문에 목숨 걸고 돌진합니다. 결국 다윗이 하나님의 이름에 대해 자신의 목숨을 걸었기 때문에 골리앗은 다윗이 아닌 하나님을 상대해야만 했습니다.

이런 관점에서 우리는 무분별하게 "주여"하고 부를 때가 없는지 신중하게 살펴봐야 합니다. 물론 때로 적절하게 하나님 앞에서 어찌할 바를 모르겠다는 심정으로 "주여"라고 부르는 것은 합당합니다. 그러나 하나님과 무관하게 습관적으로 "주여"라고 부르는 것은 하나님의 이름을 망령되이 일컫는 죄가 순간적으로 발생할 수 있기에 주의를 기울여야 합니다. 주기도문에는 총 7가지의 간구가 나타나고 있는데, 그중 '하나님의 이름'이 가장 앞서는 이유는 가장 본질적이고 중요한 간구이기 때문입니다.

2. 신앙의 방향 전환

인간의 죄는 '하나님을 하나님으로 인정하지 않음'에서 출발합니다(롬1:21). 그로 인해 인간은 본래의 자리에서 이탈했고, 하나님 대신 자신을 높이며 살아갑니다. 그러기에 참된 신앙의 회복은 하나님의 이름을 인정함으로 시작됩니다. 그래서 "이름이 거룩히 여김을 받으시오며"는 신자의 내면이 자기 자신을 경배하던 자리에서 내려와 하나님을 높이는 자리로 옮겨졌음을 나타내는 고백입니다. 하나님을 하나님으로 인정하는 것은 창조의 목적에 합당한 자리로 돌아가는 것입니다. 하나님을 영화롭게 하며, 그분의 이름을 존귀히 여기는 것이 인간 존재의 본분이며, 영혼의 진정한 안식입니다.

　예수님은 문제 해결과 자기만족에만 집중하고 있는 기도의 방향을 바로잡으십니다. 그래서 제자들에게 가장 먼저 하나님의 이름에 합당한 영광을 올려드리는 기도를 보여주신 것입니다. 이는 이스라엘 백성들에게 주어졌던 십계명 중 1계명부터 4계명까지가 하나님과의 관계를 우선시하고 강조했던 것처럼 주기도문이 주어진 이후 '너희는 먼저 그의 나라와 그의 의를 구하라'는 말씀과도 일맥상통합니다. 그러므로 예수 그리스도 안에서 새롭게 세워진 성도는 하나님을 먼저 구하고, 하나님을 높이는 정체성을 회복한 사람들이라고 규정할 수 있습니다.

3. 창조 본연의 자리로 돌아간 자들의 거룩한 열망, 찬양

　그렇다면 자신의 신앙이 어떻게 하나님 중심으로 변화되었는지 확인할 수 있을까요? 바로 하나님을 향한 찬양과 경배의 기쁨과 열망이 우리 안에 일어나는 것입니다. 이전에 세상적이고, 자기중심적이었던 사람이라도 예수 그리스도를 믿게 되면 내면 깊은 곳으로부터 하나님께 대한 경배와 찬양이 흘러나오기 시작합니다. 또한 성령이 우리 안에 들어오셔서 우리의 마음을 주장하시면 우리는 자연스럽게 하나님을 향한 찬송과 경배로 채워지게 됩니다.

　이처럼 "이름이 거룩히 여김을 받으시오며"라는 기도는 단순히 하나님께 영광을 돌리는 표현을 넘어, 우리 내면의 영적 전쟁을 치르는 강력한 도구이자 신앙의 본질을 다시 확인하게 하는 신비한 열쇠입니다. 이 간구가 성도의 삶과 기도의 가장 첫 자리에 놓이는 이유가 바로 여기에 있습니다.

▌함께 나누는 은혜
① 주로 듣는 찬양이나 즐겨 부르는 찬양은 무엇인지, 그리고 그 찬양을 통해 어떤 은혜를 경험했는지도 나눠봅시다.
② 기도의 처음 순서에 내 문제를 말하기 전에, 먼저 하나님의 위대하심과 그분의 이름이 높임 받으시기를 간구를 드리고 있습니까?

주기도문

나라가 임하시오며

소그룹 인도

사도신경 : 다같이 | 찬송 : 21장(통21) | 기도 : 회원 중 | 본문 말씀 : 마 6:9-13
| 헌금 찬송 : 540장(통219) | 헌금 기도 : 회원 중 | 주기도문 : 다같이

1. 이미 임한 하나님의 나라, 아직 온전히 임하지 않은 하나님의 나라

예수님께서 선포하신 복음의 핵심은 '하나님의 나라'였습니다. 그런데 이 기도를 통해 분명하게 알 수 있는 것은 아직 이 땅 가운데 하나님의 나라가 온전하게 임한 상태가 아니라는 것입니다. 그래서 예수님의 제자들은 하나님의 나라가 임하도록 간구해야 한다는 것입니다. 만일 하나님의 나라가 이미 완전하게 임한 상태였다면 예수께서 제자들에게 굳이 이 간구를 하라고 가르치지 않으셨을 것입니다.

그렇다면 원래 이 땅은 하나님의 나라가 임하지 않은 상태였을까요? 그렇지 않습니다. 하나님께서 천지 만물을 창조하셨을 때 이 땅은 하나님의 통치 아래 놓인 온전한 하나님의 나라였습니다. 그러나 인간이 죄를 범하여 세상에 죄가 들어옴으로 세상은 사탄의 지배하에 놓이게 되었습니다. 여자의 후손으로 오신 예수께서 분명 이 땅에 오셔서 십자가 죽으심과 부활로 '이미' 사탄의 권세를 깨뜨려 버리셨으나, '아직' 임하지 않은 온전한 성취를 향해 나아가고 있는 상태가 오늘의 상태라고 할 수 있습니다. 그래서 예수님의 제자들은 그 하나님의 나라가 임하기를 위하여 기도해야 하며, 그 실현을 위해 복음을 전파하며 나아가야 하는 것입니다.

2. 하나님의 나라 – 그 통치의 실현

하나님의 나라가 임하게 해달라는 간구는 다소 추상적인 개념으로 이해됩니다. 과연 하나님의 나라가 임한다는 것이 구체적으로 의미하는 바가 무엇일까요? 하나님의 나라는 장소적 개념이 아니라 '하나님께서 왕으로서 통치하시는 나라'라고 설명할 수 있습니다. 결국, 하나님 나라 백성은 사탄의 통치를 벗어나 하나님의 통치를 받는 백성이 되었다는 것을 의미합니다. 누가 하나님 나라의 백성인지를 보려면 하나님의 통치가 그 영혼의 삶에 시행되고 있는지 확인해 보면 됩니다. 세상에 속하여 세상의 가치관을 따르던 사람이 예수 그리스도를 믿음으로 하나님 나라 백성이 되었다면 틀림없이 하나님의 통치로 인한 생각, 사상, 가치관의 변화와 그에 합당한 삶의 열매를 보입니다. 그런 측면에서 예수를 '주'라 고백하는 자들은 많더라도 과연 그들 가운데 하나님의 통치를 기쁨으로 받아들이며 살아가는 자들이 얼마나 되는지 묻지 않을 수 없습니다.

예수님께서는 마태복음 7장 21절에 "나더러 주여 주여 하는 자마다 다 천국에 들어갈 것이 아니라 다만 하늘에 계신 내 아버지의 뜻대로 행하는 자라야 들어가리라"라고 말씀하셨습니다. 그런데 '내 아버지의 뜻대로 행하는 자'는 바로 하나님의 통치에 순종함으로 자신의 정체성을 입증한 사람들이라는 의미입니다. 곧 예수를 구주로 믿는다는 말은 동시에 하나님의 통치를 받아들이는 사람들이라는 의미라는 것입니다.

3. 하나님 나라의 확장

하나님 나라의 확장은 각 개인에게 임한 하나님의 나라가 실현됨으로써 전파됩니다. 한 개인이 회개하고 복음을 받아들임으로써 하나님의 통치 아래 살아갈 때 그에게 나타나는 독특한 삶의 형태가 나타나게 되는데, 그것이 바로 하나님의 통치로 인한 삶의 열매들입니다.

하나님께서 이스라엘과 시내산 언약을 맺으실 때도 '삶의 열매'에 대한 요구는 동일하게 주어졌었습니다. 출애굽기 19장 5-6절을 보면 "너희가 내 말을 잘 듣고 내 언약을 지키면 너희는 모든 민족 중에서 내 소유가 되겠고 너희가 내게 대하여 제사장 나라가 되며 거룩한 백성이 되리라"라고 말씀하신 것입니다. 여기서 중요한 것은 '말씀을 잘 듣고 언약을 잘 지키면'이라는 전제조건입니다. 하나님과 무관하게 애굽의 문화에 젖어 살아가던 사람들이 하나님과 언약을 맺어 하나님의 통치 아래 살아가게 되면서 이방 민족들에게서는 볼 수 없는 하나님의 성품이 그들의 삶에 나타나게 되는 것입니다. 그 통치의 열매는 자연스럽게 이방인들을 매료시켜 하나님께로 이끌어 오게 되고 결국 그들은 제사장 나라로서의 역할을 감당하게 되는 것입니다.

오늘날 전도가 잘되지 않는 이유 중 하나는 이 제사장적 삶의 열매가 세상을 충분히 매료시키지 못하고 있기 때문입니다. 우리의 삶이 가족과 이웃에게 "왜?"라는 질문을 이끌어 낼 수 없다면 전도는 종교적 예의로 그칠 수 있습니다.

하나님의 나라가 임하기를 위해 간구하며 그 성취를 위해 애쓰고 있습니까? 오늘 우리는 지나치게 나의 나라를 이루는 데만 몰두 되어 있지는 않습니까? 우리 안에 강력한 열망으로 '나라가 임하시오며'라는 기도가 올려 질 수 있기를 간절히 바랍니다.

■ 함께 나누는 은혜

① 삶의 어떤 부분에서 아직 내가 왕처럼 행동하고 있고, 그 부분을 하나님께 온전히 내어드려 그분이 다스리시도록 하고 싶은지 이야기해 봅시다.

② 요즘 성도의 삶을 살고 있습니까? 하나님이 통치하시는 삶을 위해 어떤 노력을 할 수 있을지 이야기해 봅시다.

주기도문

**뜻이 하늘에서 이룬 것 같이
땅에서도 이루어지리이다**

소그룹 인도

사도신경 : 다같이 | 찬송 : 505장(통268) | 기도 : 회원 중 | 본문 말씀 : 마 6:9-13
| 헌금 찬송 : 410장(통468) | 헌금 기도 : 회원 중 | 주기도문 : 다같이

주기도문의 앞부분에 하나님을 향한 세 가지의 간구가 있습니다. 그 중 마지막이 바로 "뜻이 하늘에서 이룬 것 같이 땅에서도 이루어지이다"입니다. 이 기도는 우리가 살아가는 이 땅에 하나님의 뜻이 온전히 이루어지지 않음을 반영하고 있습니다. 그렇다면 하나님의 뜻은 무엇이며, 뜻이 하늘에서 이루어진 것 같이 땅에서도 이루어지게 해 달라는 기도는 구체적으로 무엇을 의미하는 것일까요?

1. 하나님의 뜻

'하나님의 뜻'은 하나님께서 이루시고자 하는 계획이나 의도라고 할 수 있습니다. 하지만 인간 스스로 하나님의 뜻을 알 길은 없습니다. 하지만 예수님께서 복음의 비밀을 드러내심으로 하나님의 뜻이 무엇인지를 선명하게 알 수 있게 된 것입니다.

예수님은 요한복음 4장 34절에서 "나의 양식은 나를 보내신 이의 뜻을 행하며 그의 일을 온전히 이루는 이것이니라"고 말씀하셨습니다. 이어 요한복음 6장 38절에는 "내가 하늘로서 내려온 것은 내 뜻을 행하려 함이 아니요, 나를 보내신 이의 뜻을 행하려 함이니라"라고 말씀하셨습니다. 곧 예수님께서 이 땅에 오셔서 행하신 일은 하나님의 뜻을 행하시는 일이었고, 그 일을 온전히 이루는 것이 예수께서 바라시는 일이라는 점을 알려주신 것입니다. 이어서 요한복음 6장 40절에는 "내 아버지의 뜻은 아들을 보고 믿는 자마다 영생을 얻는 이것이니 마지막 날에 내가 이를 다시 살리리라 하시니라"라고 말씀하심으로 그 뜻이 구체적으로 아들을 보고 믿는 자들에게 영생을 얻게 하는 일임을 선명하게 드러내 보이셨습니다.

2. 뜻이 하늘에서 이룬 것 같이

그렇다면 하나님의 뜻이 "하늘에서 이루어졌다"는 말은 무엇을 의미하는 것입니까? 하늘의 영역에서는 하나님의 통치에 어떠한 거역도 없는 완전한 순종이 이루어졌으며, 하나님의 통치로 말미암아 온전한 의와 평강과 희락이 임하였다는 것을 의미하는 것입니다.

예수님께서 이 부분을 전제로 말씀을 주신 이유는 하나님께서 이 땅에서 이루시고자 하는 하나님의 나라는 바로 하늘의 영역에서 이루신 것을 본보기로 삼으셨기 때문입니다. 하나님께서 여전히 꿈꾸고 계신 나라는 하늘의 영역에 하나님의 뜻이 이룬 것 같이 이 땅 위에서도 그대로 실현되는 나라인 것입니다.

3. 땅에서도 이루어지리이다.

하나님의 뜻이 땅에서 이루어질 수 있도록 문을 여신 분은 바로 예수 그리스도이십니다. 죄에 빠진 인류에게 영생을 주시려는 하나님의 뜻은 예수님의 순종으로 완성되었습니다. 결국 예수 그리스도를 믿는 자들에게 구원을 주시는 일로 이어지는 것입니다. 예수님은 제자들에게 "하나님의 뜻이 하늘에서 이루어진 것 같이 땅에서도 이루어지리이다"라고 기도의 모델을 보이신 이유는 성도들이 하나님의 뜻을 성취하기 위해서는 예수 그리스도와 같이 하나님의 뜻에 순종하며 나아가야 함을 말씀하신 것입니다.

많은 사람들이 전도가 어렵다고 말합니다. 그런데 엄밀히 말해서 전도가 어려운 것이 아니라 순종이 어려운 것입니다. 전도할 영혼은 우리 주변에 많습니다. 그러나 성도들이 하나님의 뜻인 영혼 구원을 위해 받아야 할 멸시를 꺼리는 것입니다. 제자란 예수님께서 지신 십자가를 자신도 지고 따르는 자들임에도 멀리서 예수님을 향해 박수만 치고 있는 팬의 자리에 서 있는 것은 아닌지 돌아보아야 하는 것입니다.

오늘 가정과 일터, 관계 속에서 하늘의 뜻이 땅에서 이루어지고 있습니까? 그 뜻이 예수 안에서 내게 임했다면, 나는 그 뜻의 통로가 되어야 할 것입니다. 그분의 뜻이 나를 통해 한 송이 꽃처럼 피어나고, 이 땅에 하늘의 향기가 번지기를 날마다 기도하며 살아가시기를 간절히 바랍니다.

① 예수님의 사랑을 전하기 위해 내가 할 수 있는 작은 순종의 행동은
무엇일까요?
② 하나님의 뜻에 순종하기 위해 내가 버려야 할 것은 무엇이며, 그 순
종을 위해 하나님께 어떤 용기를 구해야 할까요?

주기도문

오늘 우리에게
일용할 양식을 주시옵고

─ 소그룹 인도 ─

사도신경 : 다같이 | 찬송 : 370장(통455) | 기도 : 회원 중 | 본문 말씀 : 마 6:9-13
| 헌금 찬송 : 384장(통434) | 헌금 기도 : 회원 중 | 주기도문 : 다같이

최근 사람들은 '경제적 자유'라는 말을 많이 사용합니다. '경제적 자유'란 기본적인 생활비나 원하는 수준의 소비를 노동 없이 지속할 수 있는 상태에 이른 것을 의미합니다. 그런데 사실 누구나 이런 풍요를 바라고 원한다는 것입니다. 그러나 예수님은 사람들의 이런 바람과는 달리 전혀 동떨어진 간구를 하라고 가르쳐 주십니다. 걱정하지 않을 만큼의 '넘치는 양식'이 아니라 '일용할 양식'을 위해 기도하라는 것입니다.

1. 양식이 아닌 공급자 하나님을 구하는 기도

예수님께서 '일용할 양식'을 위해 간구를 하라고 하신 의도는 무엇일까요? 40년 동안 광야에서 매일같이 먹었던 '만나'를 통해 일용할 양식의 의미를 알 수 있습니다. 하나님은 이스라엘 백성들에게 하루 분량만큼의 만나를 허락하셨습니다. 이것은 만나가 단순한 음식이 아니라 이스라엘 백성들을 위한 훈련 수단이기도 했다는 사실입니다. 애굽의 종으로 오랜 시간 살아왔던 이스라엘 사람들이 보기에는 눈에 보이는 양식이 그들의 생명을 유지 시켜준다고 믿었습니다. 그러나 출애굽 이후 하나님의 언약백성이 된 이스라엘에게는 양식이 아닌 하나님께 생명이 달려있음을 사실을 분명히 알아야 했습니다.

마찬가지입니다. 예수님께서 하나님 나라의 백성이 될 영혼들에게 일용할 양식을 구하라고 하신 의도를 유추해 본다면 생명이 세상에 있는 것이 아니라 하나님께 달려있다는 것을 잊지 말라는 의도였습니다. 그래서 만나와 관련하여 이스라엘 백성들이 받았던 경고를 교훈 삼는 것은 여전히 유익합니다. 이스라엘이 가나안 땅에 정착하게 되면서 하늘의 만나는 그치게 되었고 농사를 통한 소출로 공급을 받게 되었습니다. 그러나 그들이 잊지 말아야 했던 것은 땅에서의 소출도 하늘로부터 내렸던 만나처럼 공급의 근원 되시는 하나님으로부터 온다는 것입니다. 그러므로 오늘날 우리가 "일용할 양식을 주옵소서"라고 기도하면서 우리 생명의 근원이 하나님께로부터 온다는 사실을 분명히 가슴속에 새길 필요가 있는 것입니다.

성도가 가진 '특권'은 예수 그리스도의 이름으로 기도할 수 있다는 것입니다. 성도는 기도를 통해 두 가지의 사실을 깨닫게 되는데 먼저, "일용할 양식을 주옵소서"라고 간구할 때부터 하나님께서 그들의 공급자가 되신다는 사실을 깨닫게 됩니다. 두 번째, 삶의 필요한 부분에 대해서 주의 이름으로 하나님께 간구하여 응답을 받을 수 있다는 사실 역시 알게 됩니다. 더 나아가 예수님은 일용할 양식을 위하여 기도를 통해 우리가 이 땅에 살아가면서 필요한 모든 필요를 위해 기도해야 함을 가르쳐주고 계신 것입니다.

시간이 갈수록 교회 안에서 성도들의 기도 소리를 듣기 어려워지고 있는 현실입니다. 그러나 예수께서는 항상 기도하고 낙심하지 말아야 할 것을 끈질긴 과부의 이야기를 통해 교훈하셨습니다. 오늘날 하나님께서 응답을 하지 않으시는 게 아니라 우리의 끈질긴 믿음이 하나님께 드려지지 않고 있다는 점에 대해 깊이 생각해봐야 합니다.

일용할 양식을 구하라고 하신 분은 다름 아닌 예수님 자신입니다. 기도를 받으실 예수님께서 일용할 양식을 위해 기도하라고 하셨다면, 그리고 항상 기도하고 낙심하지 말 것을 가르쳐주셨다면 우리는 놓고 있었던 그 믿음의 끈질김을 하나님 앞에서 다시 붙들고 있어야만 하는 것입니다.

① 하나님께서 우리의 모든 필요를 채워 주실 거라 믿으십니까? 오늘 당신의 염려는 무엇에 대한 것입니까?

② 당신은 아주 사소한 것이라도 고민하거나 염려하지 않고 먼저 하나님께 묻는 습관을 갖고 있습니까?

주기도문

우리가 우리에게 죄지은 자를 사하여 준 것 같이
우리 죄를 사하여 주시옵고

─ 소그룹 인도 ─

사도신경 : 다같이 | 찬송 : 268장(통202) | 기도 : 회원 중 | 본문 말씀 : 마 6:9-13
| 헌금 찬송 : 211장(통346) | 헌금 기도 : 회원 중 | 주기도문 : 다같이

'일용할 양식'에 대한 기도가 육체의 필요를 위한 간구였다면, '죄 사함'을 위한 기도는 영혼의 필요를 위한 간구라고 할 수 있습니다. 우리 육체가 날마다 배고픔을 느껴 양식을 구하듯, 죄로 인해 피폐한 영혼에 매 순간 죄용서의 은혜가 필요한 것입니다.

1. 죄 사함의 간구를 해야 하는 이유

예수님의 제자들은 예수님을 믿음으로 '이미' 하나님 나라 백성이 되었으나 '아직' 하나님 나라 백성으로서 온전함을 이루지 못하고 있습니다. 그 이유는 죄의 부패성이 여전히 그들을 위협하고 있기 때문입니다. 예수님께서 이미 목욕한 자에게 발을 씻어야 할 필요를 말씀하신 것처럼 구원 이후 인간은 반복적으로 용서를 구하며 나아가야 하는 것입니다.

죄는 하나님과의 관계에 단절을 가져옵니다. 그로 인해 하나님과 온전한 관계 안에서 누리던 화평과 즐거움은 무너지고, 두려움과 불안이 찾아오게 됩니다. 그래서 하나님과 화평을 경험한 성도들은 형벌에 대한 두려움 때문에 회개하는 것이 아니라 하나님과의 관계 단절로 인해 경험되어지는 영적 두려움 때문에 회개하게 되는 것입니다. 다윗이 밧세바와의 일로 나단에게 지적을 받은 후 가장 두려워했던 것은 구원의 즐거움을 잃고, 하나님의 영이 떠나는 것에 있었던 것처럼 죄를 범한 자들은 죄로 인해 깨진 하나님과의 관계를 회복하기 원하는 열망 가운데 급히 회개의 자리로 돌아오게 되는 것입니다. 그러므로 오늘 우리의 회개 기도에 형벌을 면하기 위한 형식적 절차로서의 기도가 아닌 하나님과의 화평을 깨뜨린 것에 대한 통회, 자복하는 마음이 필요한 것입니다.

2. 성결에 이르는 과정

몇 년을 씻지 않던 노숙자를 깨끗이 씻기고 새 옷을 입힌 후에 전에 입었던 옷을 다시 입으라고 하면 완강히 거부한다고 합니다. 분명히 방금 전까지 자신이 입고 있었던 옷임에도 깨끗이 씻고 새 옷을 입고 나니 자신이 과거에 입고 있던 옷이 얼마나 더러운 옷이었는지를 깨닫게 된 것입니다.

영적 원리도 이와 같습니다. 하나님의 은혜로 용서함을 경험하면 과거의 죄가 얼마나 더럽고 추악한지를 느끼게 됩니다. 거룩한 하나님께 가까워질수록 죄에 대한 불쾌감은 더욱 커진 성도는 매일 '회개와 용서'의 과정을 반복하면서 하나님께서 바라신 '거룩'에 근접하게 됩니다. 예수께서 용서의 간구를 일용할 양식처럼 구하라고 하신 의도가 바로 여기에 있는 것입니다.

그러나 죄를 짓지 않겠다고 결심이 무색할 정도로 또다시 죄 앞에서 무기력하게 무너지는 자신을 발견하면서 '회개와 용서'의 반복된 과정 때문에 성도 스스로는 자괴감과 정죄감을 갖게 됩니다. 그러다 보니 다시 죄를 지을 수 있다는 가능성 앞에서 회개 자체를 늦추거나 이 과정이 무의미하다고 생각하기도 하지만... 결코 그렇지 않습니다.

성도들은 '회개와 용서'의 과정을 통해 다시 십자가 앞에서 새롭게 해주시는 용서를 경험하면서 죄를 더욱 미워하게 되고, 하나님을 더욱 사랑하게 되는 것입니다. 그리고 죄를 지어 누리는 즐거움보다 하나님의 사랑을 외면하고 싶지 않다는 마음이 커지면서 죄를 이기는 순간을 맞이하게 됩니다. 반복되는 '회개와 용서'의 과정이 성도로서 죄를 멀리하게 하고, 거룩을 사모하게 하는 사람으로 빚어가기에 이 과정이 결코 무의미한 과정이 아님을 알아야 합니다.

"죄 용서를 경험한 사람은 죄를 미워하고 성결을 사모하게 됩니다."

3. 우리가 우리에게 죄 지은 자를 사하여 준 것 같이

'우리가 우리에게 죄지은 자를 사하여 준 것 같이 우리 죄를 사하여 주시옵고'라는 기도는 마치 타인을 향한 용서가 충족하면 하나님의 용서를 받을 수 있다는 것으로 오해될 소지가 있습니다. 하지만 결코 그렇지 않습니다.

하나님으로부터 용서를 경험한 자는 반드시 자신에게 죄지은 자를 용서하게 된다는 것입니다. 왜냐하면 나에게 죄지은 타인의 죄와 내가 하나님께 용서받은 죄의 크기가 비교했을 때 도저히 비교할 수 없는 수준이기 때문입니다. 하루가 멀다 하고 짓는 매일의 죄, 은밀한 죄, 끔찍한 죄에도 하나님의 무조건적 용서를 베풀어주십니다. 하나님의 용서를 경험한 사람이라면 마땅히 자신에게 죄지은 자에 대한 용서에 있어 관대해질 수밖에 없는 것입니다. 그러므로 성도가 다른 사람의 죄를 용서하는 것은 마땅히 맺게 되는 신앙의 열매임을 잊어서는 안 됩니다.

그러므로 용서가 어려울 때 기억해야 하는 것은 '내가 하나님으로부터 얼마나 큰 용서를 받게 되었는가?'입니다. 용서 받은 기억을 간직한 성도이어야 자신에게 죄지은 자를 용서할 힘이 생겨나는 것입니다. 세상은 대가 없이 용서하지 않지만, 하나님께 값없는 용서를 받은 자라면 마땅히 자신에게 죄지은 자를 용서함으로써 그가 은혜를 아는 자임을 입증해야 합니다.

▌함께 나누는 은혜
① 죄 때문에 하나님과 멀어진 것 같거나 마음이 불편했던 적이 있나요? 그때 어떻게 하나님께 회개했고, 어떤 마음으로 회개했는지 이야기해 봅시다.
② 하나님께 큰 용서를 경험했던 순간이 있다면 언제인가요?

주기도문

우리를 시험에 들게 하지 마시옵소서

― 소그룹 인도 ―

사도신경 : 다같이 | **찬송** : 337장(통363) | **기도** : 회원 중 | **본문 말씀** : 마 6:9-13
| **헌금 찬송** : 391장(통446) | **헌금 기도** : 회원 중 | **주기도문** : 다같이

신자들은 예수 그리스도를 영접하고 더 이상 죄의 유혹에 빠지지 않을 것을 기대합니다. 그러나 얼마 가지 않아 그러한 기대는 무너지고 맙니다. 선을 행하기 원하는 자신에게 악이 함께 있는 것을 발견하게 되면서 스스로에게 큰 실망을 하게 됩니다. 성도가 유혹의 상황을 이기기 위해서는 무엇보다 스스로 죄에 쉽게 빠질 수 있는 죄성을 가진 인간임을 겸손히 인정해야 합니다. 이 기도는 죄의 유혹 앞에서의 자신의 무력을 인정하는 동시에 전적으로 하나님의 도우심을 요청하는 기도인 것입니다.

1. 왜 시험에 들지 않도록 기도해야 할까?

예수께서 제자들에게 '시험에 들게 하지 마소서'라는 기도를 가르치신 이유는 사탄이 아담을 넘어뜨렸던 것처럼 오늘날에도 여전히 신자들을 무너뜨릴 기회를 노리고 있기에 경각심을 가지라는 의도셨습니다. 예수님의 생애 역시 끝없는 시험의 연속이었습니다. 그런데 특히 눈여겨 볼 부분은 누가복음 4장에서 예수님이 광야 시험을 받으신 후의 표현입니다. "마귀가 모든 시험을 다 한 후에 얼마 동안 떠나니라"(누가복음 4:13). 마귀는 완전히 떠나지 않았다는 것입니다. 적절한 기회의 시간이 오기만을 기다렸다가 때가 되면 다시 넘어뜨리기 위해 시험하는 것입니다.

예수님은 자신이 시험을 받으셨던 것처럼 제자들도 동일하게 시험에 노출되어 있음을 아셨습니다. 아니 모든 사람들에게 시험이 있음 아셨기에 시험에 들지 않도록 기도해야 한다고 가르치신 것입니다. 그러기에 신자의 '필수 기도'인 '주기도'를 매일 드림으로 하나님의 보호를 덧입어 살아가야 하는 것입니다.

2. 자신의 무력함을 인정하고 하나님을 절대적으로 신뢰

우리는 자신만만하게 죄와 거리가 먼 삶을 살고 있다고 말하지만 의지만으로는 시험을 이길 수 없습니다. 스스로 싸워 이길 힘이 없다는 사실을 인정한 순간으로부터 하나님의 능력은 시작됩니다. 마치 요셉이 보디발의 아내의 유혹 앞에서 스스로 이길 힘이 없다고 판단하여 도망을 친 것과 같이 죄 앞에서 자신이 무력하다는 점을 인정할 때 하나님을 전적으로 의지하게 되는 것입니다.

이러한 전적 의존의 고백은 하나님의 도우시는 능력을 끌어당깁니다. 마치 바싹 마른 땅이 간절히 비를 바라듯 하나님의 능력을 간절히 원하는 성도의 절대적 신뢰에 대해 하나님께서는 그 손의 능력을 베풀지 않으실 수 없는 것입니다. 그러기에 성도는 자신의 한계를 솔직히 인정하고 믿음으로 하나님의 능력을 신뢰해야 합니다.

3. 간구의 성격 : 보호의 기도

존 맥아더 목사는 '시험에 들게 하지 마옵소서'라는 간구에 대해 '보호의 기도'라는 표현을 사용하였습니다. 이 간구는 유혹의 상황 자체를 제거해달라는 청원이 아닙니다. 유혹의 상황이 왔을 때 그 유혹과 시험에 빠지지 않도록 자신을 보호해달라는 간구라는 것입니다.

우리는 죄성을 가진 죄인이기에 죄의 유혹 앞에 서면 누구라도 죄에 무너질 수 있습니다. 이 간구는 앞서 구했던 양식의 간구와 용서의 간구처럼, 유혹의 상황 앞에서 넘어지지 않도록 지켜달라는 '보호의 간구'인 것입니다.

그런데 이 부분에서 중요한 것은 '보호의 간구'의 의미를 갖는다고 해서 시험에 빠진 책임을 하나님께 돌려도 된다는 것을 의미하지는 않습니다. 하나님의 보호를 간구하더라도 자기 자신이 유혹을 붙잡겠다는 의지로 죄를 붙든다면 누구라도 막을 수 없기 때문입니다. 하나님 앞에 보호의 간구를 하되 그 자신도 하나님 앞에서 자신의 의지를 표명하는 것입니다. 유혹에 빠지지 않도록 마음을 결단하오니 이 결단을 지킬 수 있도록 도와달라고 말입니다.

❙ 함께 나누는 은혜

① 일상생활 중 어떤 유혹(나쁜 생각, 행동, 게으름 등) 때문에 힘드신가요? 그때 어떻게 극복했는지, 아니면 어떻게 했으면 더 좋았을지 이야기해 봅시다.

② 죄의 유혹에 빠지지 않기 위해 어떤 노력을 할 수 있을까요?

주기도문

다만 악에서 구하시옵소서

─ 소그룹 인도 ─

사도신경 : 다같이 | **찬송** : 342장(통395) | **기도** : 회원 중 | **본문 말씀** : 마 6:9-13 | **헌금 찬송** : 370장(통455) | **헌금 기도** : 회원 중 | **주기도문** : 다같이

예수님은 우리에게 죄에 빠지지 않도록 기도해야 한다고 말씀하셨습니다. 게다가 성도의 기도가 죄에 빠지지 않는 것을 넘어 '악' 자체로부터 우리를 구해달라고 간구하게 하셨습니다. 이는 우리의 삶이 단순히 육신적, 도덕적 문제와 싸우는 것이 아니라, 악한 세력과의 영적 전쟁 가운데 있음을 분명히 고백하는 기도입니다. 예수님을 믿고 하나님 나라의 백성이 되는 순간부터 성도는 악과의 싸움이 시작됩니다. 그렇다면 '악'이란 무엇일까요?

1. 악이란 무엇인가?

일반적으로 빛과 어두움을 반대되는 개념으로 이해합니다. 하지만 엄밀히 말하자면 빛과 어두움은 대칭적인 반대개념이 아닙니다. 빛은 '존재'이며 어두움은 '상태'를 의미하기 때문에 '빛과 어두움'보다 오히려 '밝음'과 '어두움'이라 해야 명확한 대조가 됩니다. 그럼 '밝음과 어둠'을 가르는 기준은 무엇일까요? 바로 빛의 유무입니다. 빛이 있는 곳에 밝음의 상태가 되는 것이고, 빛이 부재한 곳에 어둠의 상태가 유지되는 것입니다.

같은 개념을 가지고 '악'의 설명할 수 있을 것입니다. 자칫하면 악(惡)을 하나님의 창조물로 이해할 수 있습니다. 하지만 절대 그렇지 않습니다. 악(惡)은 선(善)의 결핍인 것입니다. 마치 어두움이 빛의 부재인 것처럼, 악은 선의 부재요, 하나님으로부터 멀어진 상태라는 것입니다. 악은 단순히 도덕적 타락 이상의 것이며, 하나님의 임재가 거두어진 상태, 하나님의 뜻에서 벗어난 상태라고 할 수 있습니다.

아담은 하나님께서 금하신 선악과를 먹은 후 하나님의 낯을 피해 숨었습니다. 그는 말씀을 벗어난 하나님 없는 상태가 되었을 때 그에게 빛은 사라지고 어두움 곧 영적 죽음이 임하게 되어 수치심과 두려움 속에서 떨게 된 것입니다. 그러기에 악은 하나님과 멀어져 하나님의 형상을 잃어버린 상태입니다.

2. 악으로부터 구함을 받아야 하는 이유

우리가 '우리를 악에서 구하소서'라고 간절히 기도해야 하는 이유는 단순히 우리 삶의 평안을 지키기 위함이 아닙니다. 악은 단지 외부의 위협이 아닌 우리 내면을 잠식하고, 하나님과의 거룩한 관계를 무너뜨리는 파괴적 실재이기 때문에 악에서 구해달라고 기도해야 합니다.

악은 인간을 파괴합니다. 자기 자신을 해하고, 이웃을 상하게 하며, 공동체를 병들게 하고, 사회의 기반을 뒤흔듭니다. 그러나 무엇보다도 하나님의 백성이 악에 빠질 때 하나님의 이름을 더럽히고, 그분의 나라를 가로막으며, 그분의 뜻을 거스르는 비극이 됩니다. 악에 빠진 신자는 더 이상 빛의 길을 걷지 못하고, 하늘의 뜻이 땅에 이루어지는 그 거룩한 역사에서 낙오하게 됩니다. 하나님의 이름이 우리의 삶 속에서 거룩히 여김을 받는 것이 아니라 조롱거리로 전락할 수도 있습니다. 하나님의 나라가 임하는 것이 아니라 오히려 불의와 타협한 인간의 나라가 더욱 견고히 자리 잡게 되는 것입니다. 마치 일용할 양식이 없으면 육신의 생명이 꺼지듯이, 우리가 악에 사로잡힌다면 영적 생명은 메말라가고, 하나님께 올려드린 모든 간구는 우리의 삶 속에서 불가능한 고백으로 남게 됩니다.

결국 악은 하나님의 일을 함께 이루어야 할 우리가 오히려 하나님의 일에 맞서는 자가 되게 합니다. 그것은 하나님의 이름을 욕되게 하고, 하나님의 나라를 방해하며, 하나님의 뜻에 등 돌리는 불경한 대적자가 되는 길입니다. 그러므로 우리는 "주여, 우리를 악에서 구하소서. 주님의 영광에서 멀어지지 않게 하소서."라고 주저 없이, 그러나 떨림으로 고백해야 하는 것입니다.

과연 오늘 우리의 기도에 다만 악에서 구하여 달라는 기도는 드려지고 있습니까?

① 우리 삶에서 하나님과 멀어지는 것 같다고 느꼈던 순간은 언제였나요? 그리고 그때 하나님께 다시 가까이 가기 위해 어떤 노력을 했었나요?

② 우리 삶 속에서 하나님의 뜻을 방해하거나 우리를 힘들게 하는 '악'이라고 생각되는 것은 무엇인가요? 그리고 이런 악에서 벗어나기 위해 어떤 기도를 드려야 할까요?

주기도문

**나라와 권세와 영광이 아버지께
영원히 있사옵나이다**

─ 소그룹 인도 ─

사도신경 : 다같이 | **찬송** : 21장(통21) | **기도** : 회원 중 | **본문 말씀** : 마 6:9-13
| **헌금 찬송** : 550장(통248) | **헌금 기도** : 회원 중 | **주기도문** : 다같이

주기도문의 마지막 송영, "나라와 권세와 영광이 아버지께 영원히
있사옵나이다. 아멘"은 우리가 드린 모든 기도가 향하는 궁극적인 목
적지, 즉 하나님의 영광을 선포하고 있습니다.

1. 나라

온 세상은 하나님의 것이었습니다. 그러나 아담의 반역 이후 이 땅
의 나라들은 하나님을 등지고 자기들만의 왕국을 세워왔습니다. 그리
고 '그 날'이 오지 않을 것처럼 자신들의 나라로 견고히 세웠으며, 지
금도 세워가고 있습니다.

그러나 우리는 분명히 알고 있습니다. 이 세상에 존재하는 모든 나라는 오직 창조주 하나님의 것입니다. 그리고 하나님의 약속대로 온 우주 만물이 하나님께만 경배하는 '그 날'이 반드시 오게 될 것을 믿습니다. 신자들은 이 땅에서 '그 날'이 속히 오기를 대망하며 살아가는 사람들입니다. 주기도문의 마지막 간구는 승리의 외침입니다. 우리는 그 소망 가운데 오늘 하나님의 나라 확장을 위해 힘 있게 나아가야 합니다.

2. 권능

'권능'은 헬라어 '뒤나미스'로 능력이나 힘을 의미합니다. 모든 권능은 오직 하나님으로부터만 나옵니다. 하나님께서 온 만물에 권능을 허락하셨기에 작은 미물에서부터 인간에게까지 하나님이 허락하신 능력이 주어진 것입니다. 하나님의 창조는 모든 피조물에게 능력을 공급해 주심으로 만물은 스스로의 운행을 이루고 살아갈 수 있게 된 것입니다. 하나님의 창조 명령이 없었더라면 이 세상은 '시작'조차 할 수 없었을 것이며, 운행 자체도 불가능했습니다.

신자들은 믿음으로 하나님의 권능을 받은 영혼들입니다. 그러기에 하나님으로부터 부여받은 권능을 개인의 부요함을 위해 사용하는 영혼이 아니라, 하나님 나라를 위해 올바르게 사용하는 영혼들이어야 합니다. 신자들이 하나님께 부여 받은 권능을 하나님의 나라를 위해 사용할 때 장차 임할 하나님의 권능 앞에서 기쁨으로 찬양하게 될 것입니다. 그러나 하나님의 권능을 인정하지 않고 스스로의 나라를 세우기 위해 오용한 악인들은 영원한 슬픔과 심판에 빠지게 될 것입니다.

'영광'은 헬라어 원어로 '독사(doxa)'이며, '영광, 명예, 찬양'이라는 뜻입니다. 주기도의 마지막 부분인 '나라와 권세와 영광' 세 가지는 오직 아버지께 온전히 드려져야 할 영역입니다. 그럼에도 불구하고 신자된 우리는 하나님께 드려야 할 나라와 권세와 영광을 하나님께 합당하게 드리지 못하고 있습니다. 그러기에 신자된 우리는 '나라와 권세와 영광'을 오직 하나님께 온전히 돌려드려야 합니다. 특별히 마지막에 제시되는 영광 또한 마찬가지입니다. 오직 영원히 영광 받으실 합당한 이름은 오직 하나님의 이름뿐입니다.

태초에 이 땅의 모든 만물들에게 허락하신 영광들은 모두 하나님을 향하고 있었습니다. 그러나 세상에 죄가 들어옴으로써 하나님께 합당히 드려져야 할 영광이 자기 자신으로 향하게 된 것입니다. 주님의 제자들은 하나님께서 온전히 영광 받으실 그 날을 소망하고, 오늘이라는 시간 가운데 하나님을 찬양하며 이미 임한 하나님의 나라를 선포하며 나아가야 합니다.

'나라와 권세와 영광'은 우리의 기도가 단순한 요청 목록이 아니라 하나님을 높이는 영적 예배입니다. 우리의 삶과 기도가 세상에 머무르려는 유혹에 직면할 때 "나라와 권세와 영광이 아버지께 영원히 있사옵나이다"라는 고백을 통해 우리의 시선을 다시 하나님께로 돌리게 합니다. 우리의 기도의 목적은 오직 하나님의 영광에 있음을 기억하며, 오늘도 주님께 올려 드리는 모든 기도가 이 송영의 의미처럼 하나님 중심의 영광스러운 고백이 되기를 간절히 바랍니다.

① 당신은 삶의 작은 일에도 모든 영광을 하나님께 돌리고자 하는 마음을 갖고 있습니까?

② 우리의 현실이 아무리 어둡고 절망적이라고 해도 우리 문제보다 크신 하나님의 권능이 당신을 그 어려움으로부터 건져내실 것이라는 믿음이 있습니까?

Christian Basic

절기

고백자의 시간

절기

새 일을 행하시는 하나님

소그룹 인도

사도신경 : 다같이 | **찬송** : 488장(통539) | **기도** : 회원 중 | **본문 말씀** : 사 43:18-19 | **헌금 찬송** : 301장(통460) | **헌금 기도** : 회원 중 | **주기도문** : 다같이

우리는 새로운 시간 앞에 서 있습니다. 2026년 365일이라는 선물이 우리 앞에 주어졌고, 이 시간을 어떻게 살아가느냐에 따라 영광이 될 수도 있고, 낭비가 될 수도 있다는 것을 잘 알고 있습니다. 본문에서 하나님은 새로운 시간을 선물로 받은 우리에게 "너희는 이전 일을 기억하지 말라. 옛날 일을 생각하지 말라"고 말씀하셨습니다. 하나님은 왜 우리에게 '이전 일'을 잊으라고 하셨을까요? 그 이유는 단순합니다. 하나님이 새 일을 행하실 것이기 때문입니다.

1. 과거의 상처에서 자유하라.

지나온 한 해를 돌아보면 감사한 일도 있었지만, 마음을 무겁게 했던 일도 있었을 것입니다. 실패, 실수, 질병, 인간관계의 어려움, 경제적 시련… 이 모든 것은 우리에게 아픔으로 남았을 수 있습니다. 하지만 하나님은 "이전 일을 기억하지 말라"고 말씀하십니다. 그렇다고 과거를 지우라는 말이 아닙니다. 과거의 아픈 시간과 쓰라린 경험에 얽매여 오늘을 망치지 말라는 것입니다. 하나님은 과거에 머무르시는 분이 아닙니다. 오늘도 일하시는 분이시고, 미래를 준비하시는 분이시기에 오늘도 함께 걸어가자고 말씀하십니다. 그러므로 성도 여러분, 어제의 상처는 내려놓아야 합니다. 죄는 회개하고, 미련은 던져 버린 후, 이제는 하나님의 '새 일'을 기대하며 하나님과 함께 살아가야 합니다.

2. 하나님은 오늘도 '새 일'을 준비하신다.

"보라, 내가 새 일을 행하리니 이제 나타낼 것이라"(19절) 하나님은 창조주 하나님, 능력의 하나님이십니다. 하나님은 없던 것을 있게 하시는 분이시며, 광야에 길을 내시고, 사막에 강을 내시는 분이십니다. 우리는 불가능이라 말해도 하나님은 "가능하다"고 말씀하시고, 막막해 보여도 길을 여시는 분이 나의 하나님이십니다. 그러기에 능력의 하나님께서 2026년 우리의 삶에 하나님은 새 일을 행하실 것입니다. 가정에도, 자녀에게도, 직장과 사업에도, 그리고 교회 공동체 안에도 하나님은 새롭게 시작하시는 은혜를 베풀어 주실 줄 믿습니다. 그렇다고 하나님이 무조건 "새로운 것"을 좋아하시는 분이라고 착각하지 않아야 합니다. "하나님이 새 일을 행하신다"는 말은 하나님의 뜻을 이루기 위한 새로운 역사와 기적이 시작된다는 뜻입니다. 그러기에 하나님이 이루실 새 일을 기대하며 한 해를 시작해야 합니다.

3. 우리가 해야 할 일: 믿음으로 준비하라

"너희가 그것을 알지 못하겠느냐?"(19절) 쉽게 말해서 '하나님이 새 일을 행하시는데 우리가 하나님이 행하시는 일들을 볼 수 있는 믿음의 눈이 있느냐?'라는 것입니다. 새롭게 시작되는 2026년, 우리는 두 가지 선택의 길 앞에 있습니다. 과거에 머무르며 불평과 염려 속에 살 것인가? 아니면 믿음으로 일어나 하나님의 새 일을 기대하며 순종할 것인가? 하나님을 신뢰하는 영혼이라면 믿음으로 일어나 새 일을 기대하는 사람되시기를 바랍니다. 기도로 준비합시다. 말씀으로 무장합시다. 예배에 우선순위를 두고 하나님과의 은혜를 갈망합시다. 그리고 하나님께 받은 은혜를 기억하며 사랑으로 섬깁시다. 그럴 때 하나님은 반드시 새 일을 보게 하실 것입니다.

4. 교회를 향한 하나님의 새 일

2026년에는 모든 예배 공동체에 하나님이 예비하신 '새로운 부흥의 해'가 될 줄 믿습니다. 새로운 영혼들이 돌아오고, 잃었던 자녀들이 다시 회복되며, 기도와 예배가 살아나고, 성령의 임재가 충만한 교회, 세상을 변화시키는 교회로 하나님께서 반드시 우리를 사용하실 줄 믿습니다. 그러므로 작게 생각하지 마십시오. 스스로 한계를 정하지 마십시오. "나는 이만큼밖에 못 해, 우리 교회는 원래 이래" 라는 생각을 버리고, 광야에 길을 내시고, 사막에 강을 내시는 하나님을 바라볼 수 있기를 축복합니다.

▎함께 나누는 은혜

① 지난 한 해 동안 놓지 못하고 있는 '이전 일'은 무엇인가요? 그 기억이나 경험이 현재 나의 믿음과 순종에 어떤 영향을 주고 있나요?

② 하나님께서 내 삶에 '새 일을 행하시겠다'고 말씀하시는데, 나는 그것을 기대하고 준비하고 있나요? 그 새 일을 경험하기 위해 오늘 나는 어떤 믿음의 행동을 시작할 수 있을까요?

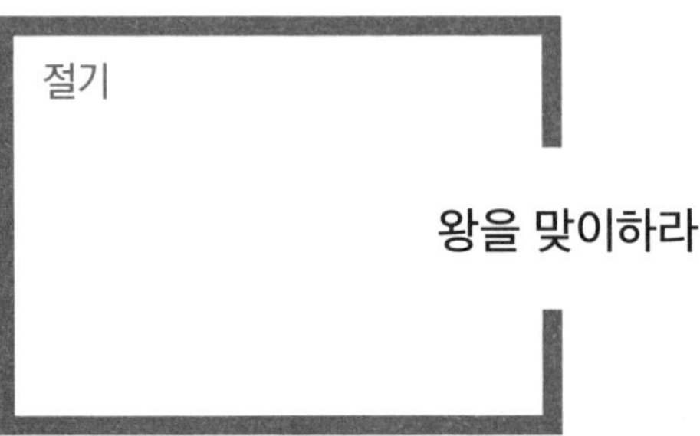

왕을 맞이하라

┌─ 소그룹 인도 ─┐

사도신경 : 다같이 | **찬송** : 150장(통135) | **기도** : 회원 중 | **본문 말씀** : 마 21:1-11
| **헌금 찬송** : 154장(통139) | **헌금 기도** : 회원 중 | **주기도문** : 다같이

고난주간을 맞이하며 함께 모여 말씀을 나눕니다. 예수님께서는 십자가를 지시기 위해 예루살렘에 입성하셨고, 많은 사람들은 종려나무 가지를 흔들며 "호산나"를 외치며 예수님을 환영했습니다. 그러나 사람들의 환영은 단지 기적을 베푸는 왕, 자신들의 기대를 채워줄 지도자로서의 환영이었습니다. 혹시 오늘 우리는 종려나무 가지를 흔들며 말씀 속에서 예수님을 환영하는 사람들처럼 예수님을 바라보고 있지는 않습니까? 본문은 우리에게 "예수님을 진정한 왕으로 영접하고 있는가?"를 묻고 있습니다. 오늘 말씀을 통해 우리에게 구원을 주시는 왕 되신 예수님을 바르게 영접할 수 있기를 바랍니다.

1. 왕이신 예수님은 '나귀를 타고' 오십니다.

　　예수님은 어린 나귀를 타고 예루살렘에 입성하시면서 권세 있고 위엄 있는 모습이 아닌 작고 겸손한 모습을 보이셨습니다. 어린 나귀를 타신 예수님은 스가랴 9장 9절(보라 네 왕이 네게 임하시나니 그는 공의로우시며 구원을 베푸시며 겸손하여 나귀를 타시나니)의 예언의 성취하신 것입니다. 세상의 왕들은 자신의 위엄과 능력을 과시하기 위해 화려하게 등장합니다. 그래야 왕으로서 자신의 권위가 세워진다고 생각합니다. 하지만 어린 나귀를 타고 예루살렘에 입성하시는 하나님의 아들은 과시와 화려함은 찾아 볼 수 없습니다. 오히려 겸손한 모습으로 우리에게 다가오십니다. 이것이 하나님의 뜻이 우선인 예수님의 마음이며, 우리를 향한 예수님의 사랑 표현 방식입니다. 그분은 권력을 휘두르는 왕이 아니라 섬기기 위해 오신 왕입니다. 십자가를 지기 위해 오신 메시아입니다.

2. 군중은 '호산나'를 외쳤지만, 그 마음은 진실하지 않았습니다.

　　군중은 예수님을 향해 "호산나! 다윗의 자손이여!"라고 외칩니다. '호산나'는 히브리어로 "우리를 구원하소서"라는 뜻입니다. 그런데 군중들은 입으로 구원을 외쳤치고 있지만 그들이 외치는 구원은 자신들의 바램이 성취되는 것을 구원이라 생각합니다. 군중들은 '나름의 구원'(로마에서의 해방, 정치적 독립, 삶의 문제 해결....)을 기대하며 종려나무를 흔들고 호산나를 외칩니다. 하지만 예수님은 '나름의 구원'을 이루기 위해 오신 것이 아니라 죄에서 우리를 구원하시기 위해 오셨습니다. 그리고 십자가에서 근본적인 구원의 길을 여셨습니다. 오늘 우리는 진지하게 자신의 신앙을 돌아봐야 합니다. 나는 예수님을 진짜 구주로 영접하고 있는가? 아니면 '나름의 구원'을 들어주는 분 정도로 생각하고 있는가?

3. 진짜 왕은 내 마음에 들어오시길 원하십니다.

예수님이 어린 나귀를 타고 예루살렘에 입성하신 것처럼 지금도 우리의 마음에 입성하시길 원하십니다. 그래서 우리에게 묻고 계십니다. "너의 삶의 왕좌는 누구의 것인가? 너의 시간과 가치의 중심은 무엇인가? 네가 결정하는 기준은 하나님 말씀인가, 세상의 성공인가?" 종려주일(고난주간)을 맞이하여 예수님이 던지신 진지한 질문을 통해 나를 돌아보며, 예수님을 내 마음의 주인으로 다시 모셔야 합니다. 그리고 이렇게 고백해야 합니다. "예수님, 이제는 제가 주인이 아닙니다. 제 인생의 왕은 오직 주님이십니다. 제가 주님을 따르겠습니다. 십자가의 길이라도 걷겠습니다. 제 마음에 입성해 주세요." 이런 고백이 없는 '호산나'는 입술의 외침에 불과합니다. 예수님은 단지 종려 가지가 아니라 우리의 진심을 닮은 고백과 전인격적 순종을 원하십니다.

4. 고난주간을 어떻게 보내야 하는가?

고난주간은 어제와 같은 평범한 날이 아니어야 합니다. 특별히 예수님의 발자취를 깊이 묵상하며, 그분의 십자가를 더 깊이 체험하기 위해 예수님께 집중하는 시간이 되어야 합니다. 그러기에 복잡한 생각들은 잠시 내려 놓고 예수님의 고난을 반복적으로 생각할 수 있기 바랍니다. 기도의 시간을 회복합시다. 말씀을 가까이 합시다. 세상의 분주함을 줄이고, 예수님의 사랑을 되새기며 살아갑시다. 그리고 나의 죄를 위해 당하신 예수님의 희생 앞에서 겸손하게 무릎 꿇고 회개하며, 부활의 기쁨을 준비하는 시간이 되기를 소망합니다.

▌함께 나누는 은혜

① 나는 예수님을 진정한 나의 왕과 주님으로 영접하고 있는가? 혹시 내 뜻을 이루기 위한 수단으로 주님을 믿고 있진 않은가요?

② 이번 고난주간 동안 내가 예수님의 십자가를 더 깊이 묵상하기 위해 실천할 수 있는 구체적인 행동은 무엇인가요?

절기

두려움 대신 기쁨을

── 소그룹 인도 ──

사도신경 : 다같이 | 찬송 : 160장(통150) | 기도 : 회원 중 | 본문 말씀 : 마 28:1-10 | 헌금 찬송 : 165장(통155) | 헌금 기도 : 회원 중 | 주기도문 : 다같이

부활절은 십자가에서 돌아가신 예수님이 죽음을 깨뜨리고 부활하신 날이기에, 교회력 가운데 가장 기쁜 날이며 승리의 날입니다. 부활절은 기독교 신앙의 중심입니다. 십자가 없이는 구원이 없지만 부활 없이는 십자가의 의미가 완성되지 않습니다. 그래서 예수님의 부활은 죽음이 끝이 아님을 증명하신 것이고, 예수님의 부활은 우리의 믿음과 소망은 결코 헛되지 않다는 것을 말씀하신 날입니다.

마태복음 28장은 부활 사건을 처음 목격한 여인들의 이야기를 들려줍니다. 2천 년 전 예수님의 무덤을 찾은 여인들은 절망과 두려움 속에 있었습니다. 그러나 그날 새벽, 천사는 그들에게 놀라운 소식을 전했습니다. "그가 말씀하시던 대로 살아나셨느니라!" 이 한 마디가

세상을 바꾸었습니다. 오늘 우리는 그 부활의 소식을 다시 마음에 새기며, 부활 능력을 다시 경험해야 합니다.

1. 부활은 절망을 소망으로 바꾸신 사건입니다.(1~6절)

안식일이 끝나고 새벽에 무덤을 찾은 여인들은 예수님의 시신에 향품을 바르려 했습니다. 그들의 마음에는 슬픔과 상실감만 가득했습니다. 그러나 천사가 여인들에게 "그가 여기 계시지 않고 말씀하시던 대로 살아나셨느니라"고 말하자 모든 것을 바꾸었습니다. 그들은 죽음을 보러 왔다가 생명을 만났습니다.

절망은 부활의 소식 앞에서 소망으로 변했습니다. 우리의 삶에도 '돌처럼 무거운 절망'이 있습니다. 질병, 실패, 관계의 단절, 죄책감… 그러나 부활하신 주님은 그 모든 절망의 돌을 굴려내십니다. 그분은 지금도 살아 계셔서, 죽은 것 같은 우리의 삶 속에 새 생명을 불어넣으십니다. 부활 신앙은 현실 회피가 아니라 현실 속에서 하나님의 능력을 경험하는 믿음입니다. 주님이 살아계시기에 우리는 어떤 상황 속에서도 소망을 잃지 않고 끝까지 선을 행할 수 있습니다.

2. 부활은 두려움을 담대한 믿음으로 바꾸신 사건 (7~8절)

무덤을 찾은 여인들은 천사의 말에 혼란스러웠고, 빈 무덤 앞에서 두려웠습니다. 그러나 부활하신 주님을 직접 만난 순간 그들의 혼란스러움은 믿음이 되고, 두려움은 기쁨으로 변했습니다.

부활은 우리의 두려움을 담대함으로, 절망을 소망으로, 슬픔을 찬양으로 바꾸는 능력입니다. 혹시 여러분의 삶 속에 무덤과 같은 절망이 있습니까? 부활의 주님이 그 자리를 변화시키실 수 있습니다. 부활은 단순한 위로의 사건이 아니라 우리의 사명을 새롭게 하는 사건입니다. 두려움 때문에 숨었던 제자들은 부활하신 주님을 만나 세상을 향해 나아갔습니다. 무덤을 찾아간 여인들처럼 담대함을 원하십니까? 담대함은 내 성격이나 능력에서 나오는 것이 아니라 부활하신 주님의 임재에서 나옵니다. 담대한 믿음은 침묵하지 않습니다. 가정에서, 직장에서, 이웃에게 우리가 만난 부활의 주님을 선포할 때, 그 복음이 또 다른 사람의 절망을 소망으로 바꿀 수 있습니다. 부활은 우리를 다시 일으킵니다.

3. 부활은 슬픔을 기쁨과 예배로 바꾸신 사건입니다.(9~10절)

부활하신 예수님은 무덤으로 달려가던 여인들 앞에 나타나셨습니다. 여인들은 부활하신 주님 발 앞에 엎드려 경배했습니다. 부활의 기쁨은 단순한 감정이 아니라 예배로 이어집니다. 예수님은 그들에게 "두려워하지 말라"고 하시며, 형제들에게 갈릴리로 가라고 전하라 하십니다. 부활의 주님을 만난 사람은 예배자가 되고, 다른 이들을 주님께 인도하는 사명이 주어집니다.

예수님의 부활을 믿는 우리도 무덤을 찾았던 여인들처럼 주님 앞에 엎드려야 합니다. 기쁨의 근원이신 주님께 영광을 돌릴 때, 그 기쁨은 환경을 초월하게 됩니다. 부활 신앙은 매 주일, 매일의 삶 속에서 이어져야 합니다. 예배에서 받은 기쁨과 은혜를 가정과 일터로 가지고 가서, 부활의 증인으로 살아가는 것이 우리가 해야 할 부활절의 결단입니다.

4. 오늘 우리의 부활 신앙을 점검해야 합니다.

부활은 단지 과거의 사건이 아닙니다. 부활은 오늘, 우리의 삶 속에서 지금도 능력으로 역사 합니다. 우리가 예수님을 믿고 따를 때, 그분의 부활 능력이 우리의 무너진 관계를 회복시키고, 죄와 절망에서 일으키며, 새로운 삶의 길을 열어 주십니다.

그러므로 이 시간 부활의 주님 앞에 고백합시다.

"주님, 제 삶에 부활의 능력을 경험하게 하소서."

"두려움 대신 기쁨을, 절망 대신 소망을 주옵소서."

"이 부활의 소식을 세상에 전하겠습니다."

▌함께 나누는 은혜

① 지금 내 삶 속에 '돌처럼 무거운 절망'은 무엇이며, 부활의 주님은 그것을 어떻게 바꾸실 수 있다고 믿습니까?

② 부활의 기쁨을 내가 만나는 사람에게 전하기 위해 어떤 행동을 할 수 있습니까?

절기

예수님의 마음 속에 있는 어린이

— 소그룹 인도 —

사도신경 : 다같이 | 찬송 : 565장(통300) | 기도 : 회원 중 | 본문 말씀 : 막 10:13-16
| 헌금 찬송 : 569장(통442) | 헌금 기도 : 회원 중 | 주기도문 : 다같이

하나님께서 허락하신 많은 선물들이 있습니다. 그 중에서 가정에 주신 가장 귀한 선물 중 하나는 어린이, 곧 다음 세대입니다. 어린이는 하나님 나라의 미래이면서 동시에 오늘의 주인공입니다. 오늘 본문은 예수님께서 어린아이들을 안고 축복하신 장면을 기록하고 있습니다.

제자들은 어린아이를 예수님께 데려오는 것을 막았지만, 예수님은 오히려 그들을 품으셨습니다. 이 말씀 속에서 우리는 예수님의 마음과, 어린이를 대하는 하나님의 시선을 배울 수 있습니다.

1. 예수님은 어린이를 귀하게 여기십니다 (13-14절)

사람들이 어린아이를 예수님께 데려오자 제자들이 꾸짖습니다(13-14절). 그 당시 문화에서 어린이는 사회적으로 중요하게 인정받지 못했습니다. "어린이는 어른이 될 때까지 기다려야 한다"는 인식이 있었죠. 그러나 예수님의 태도는 달랐습니다. 성경은 "예수께서 보시고 노하시어"라고 말합니다. 단순한 화가 아닙니다. 하나님의 뜻과 다른 행동에 대한 거룩한 분노였습니다. 예수님은 "어린 아이들이 내게 오는 것을 용납하고 금하지 말라 하나님의 나라가 이런 자의 것이니라"고 말씀하셨습니다. 예수님께 어린이는 방해꾼이 아니라 하나님 나라의 모범입니다. 우리가 어린이를 소중히 대할 때, 그것은 곧 예수님의 마음을 닮는 것입니다.

2. 하나님 나라의 문은 '어린아이 같은 자'에게 열립니다 (15절)

예수님은 "누구든지 하나님의 나라를 어린아이와 같이 받들지 않는 자는 결단코 그리하지 못하리라"고 말씀하십니다(15절). 그렇다면 '어린아이와 같이'란 어떤 의미일까요? 첫째, 순수한 믿음입니다. 어린이는 부모의 말을 있는 그대로 믿습니다. 둘째, 의존하는 마음입니다. 자기 힘만으로 살 수 없다는 것을 압니다. 그래서 부모님을 의존합니다. 셋째, 감사와 기쁨의 마음입니다. 작은 일에도 웃고 감사할 줄 압니다. 신앙도 마찬가지입니다. 어린아이와 같이 하나님의 말씀을 단순히 믿고, 스스로가 아니라 주님을 의지하며, 주신 은혜를 기뻐할 수 있어야 합니다. 나이가 들면서 계산적이 되고, 경험으로 인해 마음이 복잡해질 수 있습니다. 그러나 하나님 나라는 어린아이처럼 순수하고 겸손하게 믿는 자에게 열립니다.

예수님께서 아이에게 보이신 세 가지의 행동이 있습니다.

첫째, 맞이하셨습니다. 예수님은 어린아이를 밀어내지 않고, 먼저 받아들이셨습니다. 이는 '환영'의 메시지입니다. 어린이는 예배와 공동체의 주변부가 아니라, 중심부에 있어야 함을 보여줍니다. 둘째, 품으셨습니다. 예수님은 어린아이를 안으셨습니다. 품는다는 것은 안전과 사랑을 보장하는 행동입니다. 어린이가 두려움 없이 믿음을 키울 수 있는 공간이 바로 주님의 품입니다. 셋째, 축복하셨습니다. 예수님은 아이 위에 손을 얹고 축복하셨습니다. 이것은 단순한 기원이 아니라, 하나님 나라의 미래를 선포하는 행위였습니다. 예수님은 그들의 인생과 사명을 하나님의 손에 맡기셨습니다.

오늘 교회와 가정도 이 세 가지를 실천해야 합니다. 먼저 환영하십시오. 아이들이 교회에서 사랑받고 있다는 확신을 느끼게 하십시오. 그리고 아이들을 품으십시오. 그들의 고민과 기쁨, 연약함까지 받아주십시오. 마지막으로 축복하십시오. 믿음의 언어로 그들의 미래를 세워주십시오. 교회에서는 어린이가 예배와 공동체 안에서 존중받고, 믿음이 자랄 수 있는 환경을 제공해야 합니다. 어린이는 교회의 미래가 아니라 현재의 주인공입니다. 지금 그들을 세우고 축복할 때, 하나님께서 그들을 통해 새로운 일을 행하실 것입니다.

어린이주일은 단지 아이들을 위한 날이 아닙니다. 우리 모두는 하나님 앞에서 여전히 하나님의 자녀입니다. 나이가 많아도, 지위가 높아도, 하나님 앞에서는 순수하고 의지하는 어린이여야 합니다. 하나님은 오늘도 말씀하십니다.

"너는 내 사랑하는 아들이라, 내가 너를 기뻐하노라."
"너는 내 사랑하는 딸이라, 내가 너를 사랑한다."

이 음성을 붙들고, 주님 품 안에서 믿음과 사랑 안에 거하는 삶을 살기를 바랍니다.

▎함께 나누는 은혜
　① 나는 하나님 앞에서 어린아이와 같은 순수한 믿음과 겸손함을 가지고 있는가? 혹시 내 마음이 교만하거나 복잡해져서 주님께 나아가지 못하고 있진 않은가요?
　② 우리 가정과 교회는 다음 세대를 세우기 위해 어떤 구체적인 사랑과 섬김을 실천할 수 있을까요?

절기

부모님을 공경하라

소그룹 인도

사도신경 : 다같이 | **찬송** : 589장(통308) | **기도** : 회원 중 | **본문 말씀** : 엡 6:1-3
| **헌금 찬송** : 559장(통305) | **헌금 기도** : 회원 중 | **주기도문** : 다같이

성경은 부모님을 공경하는 것을 '예의'나 '전통'이 아니라 하나님의 명령이라고 말씀합니다. 에베소서 6장 1-3절은 부모 공경의 중요성과 그 약속을 분명히 말하고 있습니다. 말씀을 통해, 부모님을 공경하는 것이 왜 중요한지, 그리고 어떻게 실천해야 하는지를 살펴보겠습니다.

1. 부모 공경은 하나님이 주신 명령입니다. (1절)

1절은 "자녀들아 주 안에서 너희 부모에게 순종하라 이것이 옳으니라"라고 말합니다. 여기서 "주 안에서"라는 말이 중요합니다. 부모님께 순종하고 공경하는 것은 가족 질서를 위한 것이 아니라 하나님의 뜻 안에서 드리는 순종이기 때문입니다. 십계명 중 다섯 번째 계명으로 "네 부모를 공경하라"고 말씀하셨습니다. 이것은 인간과 하나님, 그리고 인간과 인간의 관계를 세우는 중요한 계명입니다. 부모 공경은 신앙의 기초이자, 하나님의 질서를 세우는 첫걸음입니다.

2. 부모 공경은 약속 있는 첫 계명입니다. (2절)

2절은 "네 아버지와 어머니를 공경하라 이것은 약속 있는 첫 계명이니"라고 말합니다. 하나님께서는 부모 공경에 대한 특별한 약속을 붙이셨습니다. 본문이 말하는 '약속'은 단순한 물질적 보'장이 아닙니다. 성경적 '복'의 관점에서 보면 하나님께서 주신 약속은 '삶의 온전함'(관계의 회복, 영적 평안, 가정과 사회의 건강함)을 의미합니다.

'첫 계명'이라는 표현은 이 계명이 가정과 공동체의 질서에서 우선순위임을 나타냅니다. 부모 공경이 바로 서야 가정의 신뢰가 세워지고, 그로 인해 자녀의 영적·인격적 성장과 사회적 안정이 가능해집니다. 또한 본문에서의 '공경'은 은혜 안에서의 응답입니다. 즉, '잘하면 무조건 복 준다'는 딱딱한 거래가 아니라, 하나님이 세우신 관계 질서(가정)를 존중함으로써 하나님이 주시는 복의 통로에 참여하게 된다는 의미입니다. 하나님께서 1-2절의 명령에 순종 할 때 비로소 3절의 축복이 삶 속에 드러나게 됩니다.

3. 부모 공경은 삶으로 실천해야 합니다. (3절)

부모 공경은 마음속 존경만으로 끝나는 추상적 개념이 아니라 일

상에서 드러나는 구체적 행동입니다. 구체적인 실천 항목을 정리하면
다음과 같습니다.

① 말로 표현하기 — "감사합니다, 사랑합니다"라는 말을 자주 하십
   시오. 말은 관계를 살리는 첫걸음입니다.
② 섬김과 돌봄 — 연로하신 부모의 필요를 돕고, 정기적으로 방문하
   거나 연락하는 습관을 가지십시오.
③ 영적 돌봄 — 부모를 위해 기도하고 축복하며, 신앙으로 함께 나
   누는 시간을 갖는 것이 중요합니다.
④ 관계 회복 노력 — 갈등이 있다면 용기 있게 사과하고 화해를 구하
   며, 과거의 상처를 치유하려는 노력이 필요합니다.
⑤ 실질적 책임 — 경제적 돌봄을 미리 준비하는 것도 공경의 한 부
   분입니다.
⑥ 다음 세대 신앙 계승 — 부모의 신앙과 가르침을 자녀에게 이어주
   며, 가정의 신앙 전통을 지키는 일도 공경의 연장입니다.

예수님도 십자가 위에서 어머니 마리아를 제자 요한에게 맡기셨습
니다(요 19:26-27). 마지막 순간까지도 부모님을 끝까지 책임지는 모습
을 보여주셨습니다. 가정과 교회에서, 말과 행동으로 부모님을 공경하
며 하나님의 말씀을 실천해야 합니다.

어버이날은 부모님께 꽃 한 송이 드리는 날로 끝나서는 안 됩니다.
365일 동안 부모를 공경하는 삶을 살아야 합니다. 아직 부모님이 살
아계신다면, 오늘 바로 전화하고 찾아뵙고 사랑을 표현합시다. 이미
주님 곁에 가신 부모님이라면, 그분이 물려주신 믿음과 사랑을 기억

하며 감사합시다. 부모 공경은 세대 간 사랑을 잇는 다리이며, 하나님 나라를 이어가는 중요한 통로입니다.

▌함께 나누는 은혜

① 나는 부모님께 존경과 사랑을 구체적으로 어떻게 표현하고 있는가? 혹시 표현하지 못한 감사나 사과가 있다면 지금 어떻게 실천할 수 있을까요?

② 부모 공경이 하나님의 축복과 어떻게 연결되는지 내 삶의 경험과 연결해 볼 수 있는가? 오늘 하나님이 주신 약속을 어떻게 붙잡고 살겠습니까?

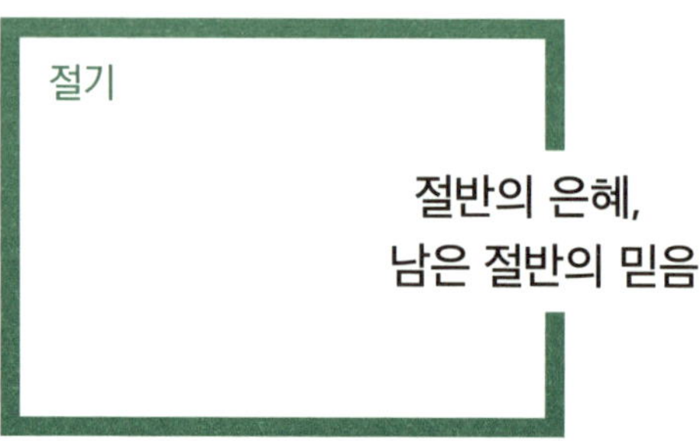

소그룹 인도

사도신경 : 다같이 | 찬송 : 588장(통307) | 기도 : 회원 중 | 본문 말씀 : 신 16:9-12
| 헌금 찬송 : 496장(통260) | 헌금 기도 : 회원 중 | 주기도문 : 다같이

구약의 맥추절(칠칠절, 오순절)은 보리를 거둔 후 첫 곡식을 하나님께 드리는 절기였습니다. 이스라엘 백성은 "절반의 추수"를 마친 시점에서 하나님 앞에 나아가, "여기까지 지키신 하나님"께 감사했으며, "남은 절반도 지켜 주실 하나님"을 신뢰했습니다.

우리의 인생도 이와 같습니다. 이미 받은 은혜를 세어보는 것과 동시에, 앞으로 올 시간에도 하나님의 손길이 필요함을 인정하고, 고백해야 합니다. 맥추감사주일은 절반의 추수만 보고 감사하는 날이 아니라, 절반의 은혜를 기억하고, 남은 절반의 믿음을 새롭게 하는 날입니다.

1. 받은 은혜를 기억해야 합니다. (9~10절)

하나님은 9절에서 "곡식에 낫을 대는 첫날부터 일곱 주를 세어…" 라고 명령하십니다. 이것은 시작부터 은혜를 세라는 뜻입니다. 추수가 다 끝난 뒤에야 결과물을 보고 감사하는 것이 아니라 첫 수확을 거두는 순간부터 하나님을 인정하는 것이 중요합니다. 우리는 종종 결과를 보고 감사하는 경우가 많습니다. 하지만 성경의 감사는 '과정' 속에서도 하나님을 인정하는 것입니다. 첫 열매를 드리는 행위 자체가, "이 모든 것이 하나님께로부터 왔음을 믿습니다"라는 고백입니다.

또한 은혜를 기억하려면 의도적인 노력이 필요합니다. 이스라엘은 절기마다 하나님이 하신 일을 '기억'하도록 명령받았습니다. 감사는 감정이 아니라 훈련입니다. 감정을 기다리면 감사는 미뤄지지만, 의도적으로 은혜를 세면 감정도 감사로 따라옵니다.

2. 받은 복에 따라 드려야 합니다. (10~11절)

10절은 "네 하나님 여호와께서 네게 복을 주신 대로 네 힘을 다하여 자원하는 예물을 드리고…"라고 명령합니다. 여기서 중요한 단어는 '복을 주신 대로'입니다. 하나님은 우리의 상황과 형편을 잘 아십니다. 많이 받은 사람은 많이 드리고, 적게 받은 사람은 적게 드리되, 모두가 마음과 정성으로 최선을 다해 드리기를 원하십니다.

감사의 overflow(넘침)입니다. 하나님의 은혜가 크면 클수록 헌신도 커집니다. 헌금만이 아니라 우리의 시간·재능·관심·사랑도 드려야 합니다. 맥추감사절 헌신은 '하나님, 남은 절반도 주의 손에 있습니다'

라는 믿음의 표현입니다.

게다가 감사는 나 혼자 누리는 것이 아니라 함께 나누는 것입니다. 그래서 11절에서 감사의 자리에 자녀, 종, 레위인, 객, 고아, 과부까지 포함하고 있습니다. 진짜 감사는 공동체를 기쁘게 하고, 연약한 이웃을 살립니다. 그래서 감사는 언제나 '나눔'과 연결됩니다.

3. 과거의 은혜를 잊지 말아야 합니다. (12절)

12절은 "너는 애굽에서 종 되었던 것을 기억하라"고 말합니다. 이스라엘은 풍성한 추수 속에서도, 과거의 노예 시절을 잊지 말아야 했습니다. 그들이 자유와 땅과 수확을 얻은 것은 결코 당연한 일이 아니었습니다. 우리도 마찬가지입니다. 오늘의 삶이 너무 익숙해지면, 구원의 은혜를 잊을 위험이 있습니다. 하지만 하나님이 우리를 죄와 절망에서 구하신 사건은 오늘의 감사와 내일의 믿음의 근거입니다. 과거의 은혜를 기억하는 사람은 교만하지 않습니다. 그리고 시련이 와도 흔들리지 않습니다. 왜냐하면, 처음부터 여기까지 하나님이 하셨다는 사실을 알기 때문입니다. 맥추감사절은 "상반기의 은혜"만이 아니라, "인생 전체의 은혜"를 기억하는 날이 되어야 합니다.

맥추감사절은 "절반의 감사"를 드리는 날입니다. 올해 상반기의 모든 은혜를 기억하며, 남은 하반기도 하나님의 손에 맡기십시오. 받은 은혜를 구체적으로 적어보고 감사하십시오. 드릴 수 있는 최선의 헌신을 결정하십시오. 그 감사가 이웃과 공동체에 흘러가도록 나누는 맥추절이 되시기를 바랍니다.

① 올 상반기에 하나님께서 내게 주신 가장 큰 은혜는 무엇입니까? 그 은혜를 어떻게 기억하고 있습니까?

② 받은 은혜에 따라 '자원하는 감사'를 드리려면 내 시간·재능·물질 가운데 무엇을 하나님께 더 드릴 수 있을까요?

절기

감사의 계절, 은혜의 계절

─ 소그룹 인도 ─

사도신경 : 다같이 | 찬송 : 588장(통307) | 기도 : 회원 중 | 본문 말씀 : 시 100:1-5 | 헌금 찬송 : 589장(통308) | 헌금 기도 : 회원 중 | 주기도문 : 다같이

추수감사절은 한 해 동안 베푸신 하나님의 은혜를 기억하며 감사하는 날입니다. 이 절기는 단순히 농작물의 수확만이 아니라 삶의 모든 영역에서 하나님께서 주신 결실을 돌아보는 시간입니다. 또한 추수감사절은 한 해의 끝자락에서, 우리를 여기까지 인도하신 하나님의 손길을 인정하고, 앞으로도 그분의 인도하심을 기대하는 믿음의 절기입니다.

시편 100편은 감사의 이유와 방법, 그리고 그 감사가 누구를 향해야 하는지를 분명히 가르쳐 줍니다. 성경의 감사는 단순한 예의범절이나 관습이 아니라, 하나님을 향한 믿음의 표현입니다.

1. 하나님이 누구신지 아는 것에서 감사가 시작됩니다.(1~3절)

시편 기자는 "여호와가 우리 하나님이신 줄 너희는 알지어다"(3절)라고 선언합니다. 감사는 단순히 '좋은 일이 생겨서' 하는 반응이 아니라 하나님이 누구신지를 아는 지식에서 나옵니다. 하나님은 창조주이시고, 우리는 그분의 피조물이며, 그분은 목자이시고, 우리는 그분의 양입니다. 이 관계를 잊을 때 감사는 쉽게 사라집니다. 왜냐하면 우리는 스스로의 힘으로 얻었다고 착각하기 쉽기 때문입니다. 그러나 내가 가진 생명, 능력, 기회, 건강, 관계는 모두 하나님의 선물입니다. 그 사실을 '아는 것'이 감사의 출발점입니다. 또한 감사는 '기쁨'과 연결되어 있습니다. 본문은 "기쁨으로 여호와를 섬기며"(2절)라고 말합니다. 억지로 드리는 감사는 오래가지 못합니다. 하나님이 나를 사랑하시고 인도하신다는 확신이 있을 때, 감사는 자연스럽게 기쁨으로 흘러나옵니다.

2. 감사는 행동으로 표현되어야 합니다.(4절)

시편 기자는 "감사함으로 그의 문에 들어가며 찬송함으로 그의 궁정에 들어가서"(4절)라고 말합니다. 감사는 마음속에만 머무르면 힘을 잃습니다. 감사의 마음이 말로, 행동으로, 예배로 표현될 때 공동체는 살아나고, 하나님께 온전히 영광 돌리는 것입니다.

구약 시대 성전 문에 들어갈 때 사람들은 감사의 제물을 가지고 왔습니다. 감사를 표현하는 일은 단지 형식이 아니라, 내 마음의 상태를 하나님께 드러내는 행위입니다. 오늘날 우리는 예물뿐 아니라, 감사의 고백, 찬양, 봉사, 나눔으로 하나님께 나아갑니다. 또한 성경적 감사는 '나눔'을 포함합니다. 하나님께 받은 것을 홀로 누리지 않고, 이웃과 나누는 것, 특히 어려운 자와 연약한 자를 돌아보는 것이 진정한 감사의 열매입니다. 감사가 나눔으로 이어질 때, 그 감사는 하나님 나라의 복음을 전하는 통로가 됩니다.

3. 하나님의 성품을 기억하며 감사해야 합니다. (5절)

시편 기자는 감사의 이유를 "여호와는 선하시니 그의 인지하심이 영원하고 그의 성실하심이 대대에 이르리로다"(5절)라고 밝힙니다. 감사의 가장 큰 이유는 하나님의 변함없는 성품입니다. 상황은 변해도 하나님의 선하심과 인자하심, 성실하심은 변하지 않습니다. 우리는 때로 좋은 일에는 감사하지만, 어려운 일에는 원망하기 쉽습니다. 그러나 믿음의 감사는 환경에 좌우되지 않습니다. 하나님의 성품을 붙잡는 사람은 광야에서도 감사할 수 있습니다. 이것이 시편 기자가 우리에게 가르치는 감사의 비밀입니다. 그리고 하나님의 성실하심은 세대를 넘어 이어집니다. 마찬가지로 나의 감사는 내 자녀와 다음 세대가 하나님을 알게 하는 씨앗이 됩니다. 올해 추수감사절에 드리는 나의 감사가, 미래의 누군가에게 믿음의 유산이 되기를 소망합니다.

① 올해 내가 경험한 하나님의 성품(선하심·인자하심·성실하심)은 무엇이며, 그 경험이 나의 감사에 어떤 영향을 주었나요?

② 감사의 마음을 행동으로 옮기기 위해 이번 주에 내가 실천할 수 있는 구체적인 나눔이나 섬김은 무엇인가요?

절기

하늘의 기쁨, 땅의 참 소망

소그룹 인도

사도신경 : 다같이 | **찬송** : 112장(통112) | **기도** : 회원 중 | **본문 말씀** : 눅 2:8-14 | **헌금 찬송** : 123장(통123) | **헌금 기도** : 회원 중 | **주기도문** : 다같이

성탄절은 예수 그리스도의 탄생을 기념하는 날입니다. 하지만 성탄은 단순히 아기 예수의 탄생 이야기가 아니라 하나님께서 인류 역사에 친히 들어오신 날입니다. 하늘과 땅이 만나는 날, 영원한 말씀이 사람이 되신 날, 그 날의 의미는 오늘을 살아가는 우리에게도 여전히 크고 깊습니다.

천사들은 베들레헴 근처 들판에서 양을 치던 목자들에게 나타났습니다. 그들에게 전한 소식은 두려움을 몰아내는 복음이었습니다. 그것은 하늘과 땅을 연결하는 기쁜 소식이었습니다.

목자들은 평범한 하루를 보내고 있었습니다. 갑자기 하나님의 영광이 그들을 둘러싸자, 그들의 마음에는 큰 두려움이 찾아왔습니다. 이것은 죄인 된 인간이 거룩한 하나님을 만날 때 느끼는 당연한 반응입니다. 그때 천사들이 전한 첫 마디가 무엇입니까? "두려워하지 말라." 성탄의 첫 메시지는 위로입니다. 하나님은 우리를 정죄하기 위해 오신 것이 아니라, 우리를 구원하기 위해 오셨습니다.

예수님의 탄생은 심판이 아니라 기쁨의 시작입니다. 또한 '큰 기쁨의 좋은 소식'이라는 표현은 이 소식이 특정 사람만이 아니라 '모든 사람'을 위한 것임을 보여줍니다. 성탄의 기쁨은 지위, 국적, 성별, 나이와 상관없이 누구나 받을 수 있는 선물입니다. 하나님은 그 기쁨을 가장 평범하고 소외된 목자들에게 먼저 전하셨습니다. 이는 우리도 이 기쁨을 나누는 통로가 되어야 함을 말합니다.

우리도 인생의 '밤'을 걸어가며 두려움에 사로잡힐 때가 많습니다. 미래에 대한 불안, 관계의 어려움, 건강 문제… 그러나 성탄의 주님은 "두려워하지 말라"고 말씀하십니다. 그분이 오셨기 때문에, 우리는 어떤 상황 속에서도 기쁨을 선택할 수 있습니다. 그렇기에 성탄절은 단순히 기념하는 날이 아니라 내 삶의 두려움을 주님께 내려놓는 날이 되어야 합니다. 성탄을 통해 주님이 주시는 기쁨을 새롭게 받아야 합니다. 그리고 그 기쁨을 주변 사람들에게 전하는 '기쁨의 전도자'로 서야 합니다.

천사들은 아기 예수가 '구주'이며 '그리스도'라고 선포했습니다. 구주는 우리를 죄에서 건지시는 분, 그리스도는 오래 전부터 약속된 메시아입니다. 하나님은 약속을 지키시는 분이십니다. 그런데 이 구주께서 "강보에 싸여 구유에 누워 계신다"는 소식은 놀라운 역설입니다. 우리를 구원하실 왕이 가장 낮은 모습으로 오셨습니다. 하나님은 영광스러운 하늘 보좌를 떠나 마구간의 냄새 나는 현실로 내려오셨습니다. 이것이 바로 성탄의 사랑입니다. 하나님은 멀리서 "사랑한다" 말씀만 하신 것이 아니라 직접 인간이 되어 우리의 삶 한가운데 들어오셨습니다. 우리를 이해하시고, 공감하시고, 우리의 죄를 대신 짊어지시기 위해 오셨습니다.

이 사랑은 오늘도 여전히 유효합니다. 내가 아무리 연약하고, 실패가 많아도 하나님은 "나는 너를 사랑한다" 말씀하시며 다가오십니다. 성탄이 그 사랑의 증거입니다. 우리는 이 사랑을 받은 자로서, 그 사랑을 실천하며 살아야 합니다. 가까운 가족과 친구에게, 그리고 나와 생각이 다른 이들에게까지 성탄의 사랑을 전하는 것이 우리의 사명입니다.

천사들의 찬양은 두 부분으로 나뉩니다. 첫째, "지극히 높은 곳에서는 하나님께 영광이요." 성탄의 모든 이야기는 결국 하나님께 영광을 돌리는 것으로 귀결됩니다. 예수님의 오심은 하나님의 신실함과 사랑의 절정입니다. 둘째, "땅에서는 하나님이 기뻐하신 사람들 중에 평화로다." 이 평화는 단순히 전쟁이 없는 상태가 아니라, 하나님과 화목하게 되는 영적인 평화입니다. 예수님은 죄로 인해 깨어진 관계를 회복시키기 위해 오셨습니다. 성탄의 평화는 내 마음에서 시작됩니다. 주님이 내 안에 거하실 때, 내 안의 불안과 갈등이 사라지고, 그 평화가 관계와 세상으로 흘러갑니다.

올해 우리는 분열과 불안이 가득한 세상을 살았습니다. 바로 이런 세상에 성탄의 평화가 절실합니다. 우리가 먼저 주님의 평화를 받아 누리고, 그 평화를 전하는 '평화의 사람'이 되어야 합니다. 성탄은 하나님께 영광을 돌리는 삶의 시작점입니다. 예배와 순종, 감사와 찬양이 우리의 일상이 될 때, 우리는 성탄의 참된 의미를 살아내는 것입니다.

▋함께 나누는 은혜
① 올해 내가 경험한 두려움 중, 주님께 맡기고 기쁨으로 바꾸어야 할 것은 무엇입니까?
② 성탄의 사랑과 평화를 나누기 위해 이번 주에 내가 실천할 한 가지는 무엇입니까?

절기

뒤를 돌아보며, 앞을 바라보며

소그룹 인도

사도신경 : 다같이 | **찬송** : 304장(통404) | **기도** : 회원 중 | **본문 말씀** : 빌 3:12-14 | **헌금 찬송** : 302장(통408) | **헌금 기도** : 회원 중 | **주기도문** : 다같이

2026년이 저물고, 우리는 이제 2027년을 맞이하려 합니다. 이 시점은 누구에게나 특별합니다. 뒤를 돌아보면 감사와 후회가 함께하고, 앞을 바라보면 기대와 두려움이 섞여 있습니다. 사도 바울은 본문에서 '달려가는 인생'을 말합니다. 그는 이미 많은 업적을 이루었지만, 자신이 '온전히 이루었다'고 말하지 않았습니다. 그의 시선은 과거에 머물지 않고, 하나님이 주신 '푯대'를 향해 계속 전진하고 있었습니다.

1. 과거의 은혜를 기억하되, 거기에 머물지 말아야 합니다. (12절)

바울은 "내가 이미 얻었다 함도 아니요 온전히 이루었다 함도 아

니다"(12절)라고 고백합니다. 이는 과거의 은혜를 부정하는 말이 아니라, 하나님의 은혜를 기억하되, 거기에 안주하지 않겠다는 선언입니다. 우리의 지난 한 해에도 하나님의 은혜가 있었습니다. 건강을 지켜 주신 것, 위기 속에서 길을 열어주신 것, 사람을 통해 주신 위로와 도움… 이 모든 것이 하나님의 손길입니다. 그러나 이 은혜는 '마침표'가 아니라 '쉼표'입니다. 하나님은 계속해서 새로운 일을 하시고, 우리는 그분과 함께 앞으로 나아가야 합니다.

또한 은혜를 기억한다는 것은 하나님을 향한 신뢰를 새롭게 하는 것입니다. "지금까지 하나님이 도우셨으니, 앞으로도 도우실 것이다"라는 믿음이 생깁니다. 이스라엘 백성이 출애굽 이후 광야에서 하나님이 행하신 일을 기억하며 발걸음을 내디딘 것처럼, 우리가 과거의 은혜를 붙잡으면 새해의 불확실성 속에서도 담대해질 수 있습니다.

그러나 은혜의 추억만 붙잡고 있으면 멈추게 됩니다. '그때는 좋았는데'라는 과거형 신앙은 현재의 열정을 앗아갑니다. 하나님은 '오늘도 살아계신 하나님'이십니다. 우리는 하나님이 함께하신 과거를 감사하되, 현재와 미래를 기대함으로 맞이해야 합니다.

2. 과거의 아픔과 실패를 내려놓으라 (13절 상반절)

바울은 "뒤에 있는 것은 잊어버리고"라고 말합니다. 여기서 '잊는다'는 것은 기억을 지운다는 의미가 아니라, 그것에 붙잡혀 현재와 미래를 잃어버리지 않는다는 뜻입니다. 한 해 동안 우리는 실수와 실패, 아픔을 경험했습니다. 사람에게 받은 상처, 이루지 못한 계획, 자신에게 실망한 순간들이 있었을 것입니다. 그러나 이 모든 것을 붙잡고 있으면 새로운 해를 향한 하나님의 은혜를 붙들 수 없습니다. 십자가 앞에 내려놓고, 하나님이 주실 새날을 향해 발걸음을 옮겨야 합니다.

실패를 내려놓는 것은 무책임이 아니라, 회복의 시작입니다. 우리의 연약함을 주님께 맡길 때, 그분이 새 힘을 주십니다. 다윗이 바세바 사건 이후 회개하고 새 출발을 했듯이, 우리도 하나님께서 주시는 '다시 시작할 기회'를 붙잡아야 합니다.

또한 상처를 내려놓는 것은 용서와도 연결됩니다. 나를 힘들게 했던 사람, 이해할 수 없었던 상황을 하나님께 맡길 때, 마음이 가벼워지고, 관계 회복의 가능성이 열립니다. 새해를 무겁게 시작하지 않도록, 모든 짐을 예수님께 맡기는 결단이 필요합니다.

3. 푯대를 향해 믿음으로 달려가야 합니다. (13절 하반절~14절)

바울의 삶에는 분명한 방향이 있었습니다. 그는 '푯대'를 향해 달려갔습니다. '푯대' 때는 단순한 목표가 아니라, "그리스도 예수 안에서 하나님이 위에서 부르신 부름의 상"입니다. 즉, 하나님의 부르심과 사명을 향한 전진입니다. 새해를 맞이하며 우리는 어떤 '푯대'를 세워야 할까요? 재정적 목표, 건강 관리, 관계 회복 등 중요한 계획들이 있을 수 있습니다. 그러나 모든 목표 위에 하나님의 뜻을 이루는 삶이 있어야 합니다. 예배, 기도, 말씀, 섬김, 전도… 이것이 우리의 신앙 여정을 바르게 이끄는 '푯대'입니다.

또한 푯대를 향해 달려간다는 것은 집중력을 유지한다는 뜻입니다. 달리기 선수가 결승선을 바라보며 다른 곳을 보지 않듯, 우리도 세상의 유혹이나 불필요한 비교에 시선을 빼앗기지 말아야 합니다.

하나님이 주신 사명에 집중할 때, 삶은 단순해지고 방향은 분명해집니다.

또한, 달려간다는 것은 멈추지 않는다는 의미입니다. 때로는 속도가 느려질 수 있습니다. 그러나 멈추지만 않는다면, 우리는 여전히 전진하는 것입니다. 하나님은 완벽한 속도가 아니라, 끝까지 가겠다는 충성을 기뻐하십니다.

올 한 해 동안 받은 은혜를 감사해야 합니다. 그러나 그 은혜에 안주하지 말고, 새해에 하나님이 주실 더 큰 은혜를 기대 하시기 바랍니다. 지나온 한 해 동안 실패와 상처를 예수님께 맡기고, 새 출발을 준비하며 새해의 목표를 세울 때 '하나님의 부르심'이 가장 중요한 우선순위가 될 수 있기를 바랍니다.

▌함께 나누는 은혜

① 2025년을 돌아볼 때, 가장 감사했던 일과 내려놓아야 할 일은 무엇입니까?

② 2026년에 내가 세울 '신앙의 표 때'는 무엇이며, 그것을 이루기 위해 구체적으로 무엇을 실천하겠습니까?